Familien-Reiseführer
OBERBAYERN MIT MÜNCHEN

COMPANIONS

Oberbayern

Oberbayerns Badeseen sind sauber und liegen romantisch

Oberbayern für Eltern und Kinder
Oberbayern entdecken 6
Was Eltern wissen sollten 9
Essen & Trinken 12

Kinderfreundliche Badeplätze
Mitten in der Großstadt:
baden an der Isar 16
Idyllischer Moorsee:
der Weitsee 17
Strandbad mit geselligem Biergarten:
Seewinkel Herrsching 17
Im Schatten der Burg:
Wöhrsee Burghausen 18
Deutschlands größtes Naturbad:
der Aschauerweiher 19
Der Schönste am See:
der Chiemseepark 20
Romantische Badeseen:
Pelhamer und Hartsee..........................21
Trubel auf der Erlebnis-Insel:
See- und Warmbad Rottach-Egern.......22
Sanftes Moorwasser in freier Natur:
Freibad Eichmühle 23
Juwel des Werdenfelder Landes:
der Eibsee 23
Groß, flach und schattig:
Strände in Ammerland und Ambach ..24
Der totale Familienspaß: Badria 25
Das volle Vergnügen: Vita Alpina ...26
Drinnen, draußen und im See:
Prienavera 27
Ein Tag Familienspaß: Alpamare 28
Volle Action drinnen und draußen:
das Plantsch 29
Mit Bilderbuch-Panorama:
Wasserpark Starnberg 30

Zehn Touren, die allen Spaß machen
Tour 1 – München:
Stadt mit einem Herz für Kinder 32
Tour 2 – Der nördliche Städtebogen vor München:
von Dachau nach Erding 38
Tour 3 – Vom Mittelalter zum Papst und zurück:
von Wasserburg am Inn nach Burghausen 43
Tour 4 – Berchtesgadener Land:
weißes Gold und grünes Juwel 49
Tour 5 – Vom Chiemsee auf die grüne Alm: Chiemsee, Aschau/Kampenwand, Reit im Winkl, Rauschberg 54
Tour 6 – Land der Seen und Bergbahnen: vom Kochelsee bis Wendelstein 60
Tour 7 – Zweimal Spitze, Kunst und Berg: die Zugspitzregion 65
Tour 8 – Wo Kühe gaffen und Pfaffen paffen: Lechgebiet u. Pfaffenwinkel ...72

Inhalt

Tour 9 – „Wenn ich den See seh, brauch ich kein Meer mehr":
Starnberger See und Fünf-Seen-Land .78
Tour 10 – Wovon kein Mensch glaubt, dass das Oberbayern ist:
rund um Ingolstadt 83

Die tollsten Attraktionen für Kinder

Mensch und Natur und Bruno:
Museum Mensch und Natur 90
Froschkönig und andere putzige Tierchen: Schöngauer Märchenwald ..91
Familien-Tipp: Buchheim Museum der Phantasie 92
Morgendusche unter Felsen:
Partnachklamm 93
Freizeitgebiet Blomberg: Deutschlands längste Sommerrodelbahn 94
Nach Edelsteinen suchen:
Freizeitpark Ruhpolding 95
Gigantisch: Naturkunde- und Mammut-Museum Siegsdorf...............96
Hier dürfen Eltern treten:
Märchen-Erlebnispark Marquartstein 97
Mit Dampf und Pfiff:
Lokwelt Freilassing 98

Selbst tiefe Schluchten lassen sich leicht überqueren

Wilde Tiere, Trampolin und Riesenrutsche: Wildpark Oberreith 99
Besuch beim „Fieseler Storch":
Deutsches Museum Flugwerft Schleißheim 100
Wellness und Hightech-Rutschen:
Therme Erding 101
Für alle, die aufs Fliegen fliegen:
Flughafen München 102
Kinder in der Autowelt 103
Oberbayerns größtes Bauernhaus-Museum:
Freilichtmuseum Glentleiten 104

Gut zu wissen
Fakten von A bis Z 106
Geschichte 116
Einkaufen & Mitbringsel 118
Festkalender & Folklore.......................119
Sport..122

Index..126
Impressum 128

Ausflüge auf oberbayerischen Flüssen für die ganze Familie

Was Sie wissen sollten

Diese Zeichen und Symbole begleiten Sie durch das ganze Buch und geben Ihnen besondere Informationen:

Die Mini-Karte von Oberbayern mit dem dicken roten, grünen oder blauen Punkt zeigt Ihnen auf einen Blick, an welchem Ort sich die jeweilige Adresse befindet.

Infos zur Region oder spezielle Empfehlungen für die Eltern gibt's in den grünen Kästen.

In den orangefarbenen Kästen stehen tolle Tipps oder Geschichten für Kinder.

Regionale kulinarische Genüsse oder ein Restaurant, in dem auch Ihre Kinder auf ihre Kosten kommen, finden Sie in den blauen Kästen.

Unser Autor Gottfried Aigner ist ausgezeichnet – und das nachgewiesenermaßen. Sein im Companions-Verlag erschienener Familien-Reiseführer Italienische Adria wurde von ENIT, dem italienischen Fremdenverkehrsverband, bereits mit dem Preis für den besten deutschsprachigen Italien-Reiseführer bedacht. Für den engagierten Großvater und Wahl-Münchner lag es nahe, wie er sich ausdrückt, jetzt endlich einmal „ein exotisches Ziel" zu wählen, nämlich Deutschlands beliebteste Urlaubsregion Oberbayern. Und diese Region für alle mit Kindern Reisenden neu zu entdecken.

OBERBAYERN FÜR ELTERN UND KINDER

Oberbayern entdecken

Urlaub in Oberbayern, das klingt nach Maientanz und Kuhglockengeläut, nach Dirndlkleid und Sepplhosen, nach Bergwandern und Rodeltouren. Da gibt es köstliche Gerichte, die „Schmankerl" heißen. Wenn so ein richtiger Oberbayer seine Sprache lehren will, dann lässt er uns das Testwort „Oachkatzelschwoaf" nachsprechen, was Eichhörnchenschwanz bedeutet. Und zum Abschied sagt er nicht „Auf Wiedersehen" und auf gar keinen Fall das „preißische" „Tschüß", sondern „Pfüadi God", was „Behüte dich Gott" heißt. Oberbayern, das ist zunächst einmal eine Traumgegend mit viel Folklore, erhaltenem Brauchtum und teils fremd anmutenden Sitten. Fantasie oder Wirklichkeit? Dieses Bild bestätigt sich tatsächlich, wenn sich die Familie im Alpenvorland einquartiert, dort vor allem sonntags die Kirchgänger beobachtet, auf die Almen wandert, wo bunt gescheckte Kühe saftige Gräser, duftende Blumen und Kräuter kauen, und wenn Jung und Alt bei den vielen Festen mit am Wirtshaustisch oder im Biergarten sitzen und mit den Einheimischen ratschen und tratschen.

Die vielen Gesichter Oberbayerns

Doch dies ist nur das eine Bild, Oberbayern hat viel mehr Gesichter. Im Sommer können Kinder, Eltern und Großeltern an stillen Seen ruhen, durch die Wälder des Alpenvorlandes streifen, auf Märchenwegen vergessenen Geschichten von Zwergen und Feen lauschen, in Parks die Tierwelt der Alpen beobachten und, wenn die Lust sie packt, auf kilometerlangen Rutschen talwärts sausen, beispielsweise auf der Blombergbahn (s. Tour 6, S. 62). Ist genug Kraft getankt, wird der Rucksack gepackt und mit Seilbahn oder Lift geht es

Früh übt sich, wer ein Bayer werden will

Oberbayern für Eltern und Kinder

> ### Fakten und Zahlen
> *Der Name Oberbayern stammt von der geografischen Lage der Region am oberen Lauf der Isar. Der Regierungsbezirk grenzt im Süden an Österreich, im Nordosten an Niederbayern und die Oberpfalz, im Nordwesten an Mittelfranken und im Westen an Schwaben. Einige Zahlen: 17.352 km² Fläche, etwa ein Viertel Bayerns. 4.335.000 Einwohner, ein Drittel der bayerischen Bevölkerung. Einwohnerzahlen: München 1.327.000, Fürstenfeldbruck 202.000, Freising 166.000, Eichstätt 125.000, Ingolstadt 124.000, Landsberg am Lech 114.000. Im Agrarland Oberbayern erwirtschaften 1.665.000 Beschäftigte 42 % des bayerischen Bruttoinlandprodukts, aber nur noch 6.265 Menschen arbeiten in Land-/Forstwirtschaft und Fischerei.*

Jennerberg über dem romantischen Königssee bei Berchtesgaden. Fast überall gibt es Wintervergnügen für die ganze Familie auf flitzigen Rodelbahnen (s. S. 125), rassige Abfahrten für die Geübten und Skikindergärten für kleine Anfänger (s. S. 125).

Bei Milchbauern und Salzknappen

Ganz anders sind die Erlebnisse im hügeligen Alpenvorland. Bei den Milchbauern im an Kirchen und Klöstern reichen Pfaffenwinkel (s. Tour 8, S. 74) auf dem Milchweg wandern und Kühe melken, im Fünfseenland gemütliche Bootsfahrten genießen (s. Tour 9, S. 81), am Kochelsee erleben, wie aus Wasserkraft Strom gewonnen wird (s. Tour 6, S. 61), als Piraten über den Chiemsee stürmen und des Märchenkönigs Zauberschloss erobern (s. Tour 5, S. 54), ein prähistori-

in luftige Höhen, wo die Biertrinker den Krug in warm behandschuhten Händen halten, so wie auf Deutschlands höchstem Berg, der Zugspitze. Sonnige Bergerlebnisse, Panoramawege und Wintersport, Brotzeit und Buttermilch auf der Alm, mit dem Feldstecher nach Gämsen oder Steinböcken suchen, das wird auch in den anderen südlichen Regionen geboten: auf dem Karwendel über der Geigenbauer-Stadt Mittenwald, am Wendelstein im südlichen Tölzer Land, an der spektakulären Kampenwand im Chiemsee-Alpenland oder auf dem

> ### Schuhplattler: auf Knie und Schuhsohlen schlagen
> *Früher wollte der Bursch dem Madl mit dem Schuhplattler imponieren. Heute tanzen die Jungmänner alleine, geblieben ist, was Gäste so sehr begeistert: Nach dem Dreivierteltakt eines Ländlers hüpfen und springen die Tänzer und schlagen („platteln") sich selbst auf Schenkel, Knie und Fußsohlen, klatschen in die Hände und stampfen mit den Füßen auf. Die heutigen Show-Plattler tragen jedoch keinen Trachtenhut mehr, er wäre bei der Hüpferei nur hinderlich.*

> ### Jubel beim Kasperl Larifari
> *Auch die ganz Kleinen freuen sich über die lustigen Marionetten und den Empfang durch Kasperl Larifari und seine Frau Gretl(s. Tour 9, S. 79). Seit 1858 gibt es das Theater für Kinder, Jugendliche und Erwachsene. Gespielt werden u.a. „Die kleine Hexe" oder „Däumelinchen" (ab 4 J.) und „Der Riese Tunichtgut" oder „Ein Fall für Felix Spürnase" (ab 5 J.).*
> *Das **Münchner Marionettentheater**, Blumenstr. 32, 80331 München, Tel. 089-26 57 12, muenchner-marionettentheater@t-online.de, www.muenchner-marionettentheater.de, nachmittags (15 Uhr) Erw. € 9, Kinder (2-14 J|. € 7, abends (20 Uhr) € 18/10, Erm. für Schüler und Rentner. Kiosk mit Getränken, Eis und Süßem.*

sches Mammut bewundern (s. S. 96) oder in rasender Fahrt in die Kristallwelt des Berchtesgadener Salzbergwerks einfahren (s. Tour 4, S. 50). Das ist die andere Welt des Feriengebiets.

Frömmigkeit, Technik und Hopfengärten

Oberbayern ist aber auch flaches Land, wo Inn und Isar ruhig fließen, ihre Ufer zum Baden einladen, wo mittelalterliche Städte mit Burgen locken und fromme Menschen in Orte wallfahren, die sogar einen deutschen Papst hervorgebracht haben (s. Tour 3, S. 47). Eine Gegend, in der es keine Häuser mit Holzbalkon, Geranienschmuck und Wetterhahn gibt, sondern ganze Häuserfronten mit Blendfassaden, hinter denen sich die Dächer verstecken (Inn-Salzach-Architektur). Außerdem ist Oberbayern ein technisches Wunderland, wo Autowerke Familien zur Besichtigung einladen oder der Weltflughafen München für Kinder spezielle Programme entwickelt hat, damit sie die Welt des Fliegens verstehen lernen. In ihrem weiten Norden wechselt die Region schon wieder das Gesicht, Hopfenlandschaften erinnern an das Land der Biere, Jurafelsen geben Fossilien frei, die man selbst klopfen oder in Museen besichtigen kann: mit dem Archaeopteryx, dem Urvogel, auf Du und Du, den Sauriern in die Augen schauen (s. Tour 10, S. 84).

Weltstadt mit Herz und Witz

Schließlich ist da noch die Hauptstadt Oberbayerns und ganz Bayerns überhaupt. Eine Weltstadt mit viel Herz für Kinder, wo selbst Museumsdirektoren in die Kinderseelen eintauchen, wo mit Knöpfen und Klappen spielerisch die Geheimnisse der Welt und des Lebens erfahren werden, wo Kasperl Larifari zum Leben erwacht (s. Kasten). Eine Metropole, die lustige Spaziergänge in Fußgängerzonen ermöglicht, von hohen Türmen Überblick verschafft, wo in stillen Straßen Kunstwerke Märchen erzählen, die von der Familie erraten werden müssen, wo Kind und Kegel das Picknick mit in den Biergarten bringen können, wo einem Spaßvogel, dem Original Karl Valentin, ein ganzes Museum gewidmet ist und wo man den Nagel besichtigen kann, an den der Witzbold seinen Beruf gehängt hat. München, die Stadt mit Herz und Witz.

Was Eltern wissen sollten

Das Ferienland Oberbayern hat im jährlichen Durchschnitt mehr Sonnentage als der Rest Deutschlands. Schuld daran ist der Föhn: Dabei zieht ein südlicher, feuchter Aufwind (z.B. Tief) nordwärts über die Alpen und regnet dort ab. Von den Bergkämmen stürzt die jetzt trockene Luft als Fallwind abwärts, erwärmt sich pro 100 Meter Höhe um ein Grad Celsius und bildet eine Barriere gegen eventuell von Norden heranziehende Tiefdruckgebiete. Für oberbayerische Wasserratten bedeutet dies, dass sie sich im Sommer häufiger in den Badeseen oder Freibädern austoben können als in anderen Teilen der Republik. Augenmenschen und Hobbyfotografen beschert der Föhn dazu noch eine fast unglaubliche Fernsicht: Wer z.B. in München auf dem Turm des Alten Peter steht (s. Tour 1, S. 34), dem erscheinen die Alpenkämme so nah, als würden sie direkt hinter den Dächern Münchens beginnen.

Bei Föhn leuchtet der Himmel in Oberbayern so blau wie sonst nirgendwo

Das Wandern ist des Müllers Lust …

Im Hochsommer kann es in den tieferen Gebieten, vor allem in den Städten, recht heiß und schwül werden. Dann ist Baden angesagt, Picknick im Schatten eines Waldes oder ein Ausflug in die kühleren Bergregionen. Bergwanderungen im Sommer und Skitouren im Winter sind überhaupt für viele Familien der Hauptgrund, in Oberbayern Urlaub zu machen. Für Kinder ab Schulalter ist fast jede der markierten Wandertouren mit Schwierigkeitsgrad leicht oder mittel zumutbar, oft begegnet man hier sogar 4- bis 5-Jährigen, die mit den Erwachsenen um die Wette stapfen. Bei der Kennzeichnung „schwierig" sollten Eltern aber ernsthaft überlegen, ob die Tour den Kids zuzumuten ist, die Beurteilungen „sehr schwierig" und „äußerst schwierig" sind für Familien mit Kindern tabu, das ist nur etwas für Bergwanderer mit viel Erfahrung.

Wie viele Höhenmeter pro Stunde?

Vor Antritt einer Wanderung sollte unbedingt der erforderliche Zeitaufwand berechnet werden. Das geht mit einer guten Wanderkarte, auf der die Höhenmeter angegeben sind. Als Faustregel gilt: Bis zu einer Höhe von 2.000 Metern sind in einer Stunde bis zu 400 Höhenmeter zu schaffen, bei 2.000 bis 2.500 Metern rechnet man in der Stunde mit nur 350, bei Höhen von 2.500 bis 3.000 Metern reduziert sich die Leistung weiter auf 300 Höhenmeter/Stunde. Nicht vergessen: In zunehmender Höhe können die Kleinen (und auch die Großen) schon mal Schwächen zeigen. Deshalb

Alle Wanderwege haben schattige Rastplätze für Erfrischungspausen

Oberbayern für Eltern und Kinder 11

> ### Lass mich dein Badewasser schlürfen ...
> *Der alte Schlager wirft Fragen auf: Ist das Wasser in Badeseen hygienisch einwandfrei? Zur Beruhigung: In Bayern werden alle Badegewässer regelmäßig untersucht. Übersteigt die Anzahl der krankheitserregenden Keime das Limit, wird gesperrt. Das kann schon mal vorkommen, wenn z.B. zu viele Enten das Wasser durch Ausscheidungen verunreinigen. Deshalb: Bitte die Wasservögel nicht füttern. Nach Regen kann sich das Wasser in natürlichen Seen oder Flüssen durch eingeschwemmte Schmutzpartikel eintrüben.*
> *Das ist nicht bedenklich, nur eine Frage der Ästhetik. Und noch eines: Wird an Badeplätzen Eintritt verlangt, ist auch immer eine Badewacht vorhanden. Ist dies nicht der Fall, gilt die Eigenverantwortung.*

sollten im Rucksack bei einem Tagesausflug ausreichend Getränke, für den Kräfteaufbau Müsli-Riegel und Schokolade sowie vor allem im Winter ein zweites Paar Handschuhe sein – nasse „Händscha" sind nicht nur unangenehm, sondern können auch krank machen. Dann also: Berg Heil!

Blick in die Urlaubsapotheke
Leider gibt es kaum ein Urlaubsgebiet ohne Stechmücken. Da bildet Oberbayern keine Ausnahme. Was wirklich los ist, sehen Eltern oft erst am Morgen, wenn Gesicht und Hände ihrer Jüngsten zerstochen sind. Deshalb erste Regel: Beim Urlaubsquartier nachfragen, ob die Fenster Mückengitter haben, man möchte ja nachts nicht die Fenster schließen müssen. Notfalls ein anderes Quartier buchen, das Urlaubs-Wohlgefühl steht auf dem Spiel. Viele Mütter schwören ansonsten auf die abendliche Einnahme des homöopathischen Mittels Staphisagria D 12, das in Apotheken und Drogerien erhältlich ist. Für zu Hause gilt der Rat der Großmütter: Lavendel auf die Fensterbank und/oder auf den Tisch stellen, den Duft mögen die Biester nicht!

Achtung Sonnenbrand!
Eine andere Vorsorge gilt dem Sonnenbrand. Die Gefahr durch starke Sonneneinstrahlung ist vor allem in den Bergen sehr hoch, auch bei bedecktem Himmel. Deshalb: Nie ohne Kopf- und Nackenschutz ins Freie, bei längerem Aufenthalt am Badeplatz sollten Kinder auch ein T-Shirt tragen.
Weiter gilt: Im Freien immer Sonnenschutzmittel auftragen. Für Kinder wird mindestens Lichtschutzfaktor 30 empfohlen und das Produkt sollte sowohl gegen UVB- (Sonnenbrand) als auch gegen UVA-Strahlen (Hautalterung, Sonnenallergien) schützen. Außerdem wichtig: Verlassen Sie sich nicht auf die häufig von den Herstellern angepriesene „ganztägige Wasserresistenz" und folgen Sie lieber dem dringenden Rat von Hautärzten, sich und die Kinder nach jedem Aufenthalt im Wasser neu einzucremen.

Essen & Trinken

Zu einem richtigen oberbayerischen Essen müssen Fleisch und Wurst serviert werden. Dazu gehören vor allem Schweinsbraten, Schweinshax'n – beide mit knuspriger Schwarte – und Wammerl, durchwachsener Schweinebauch. Viele Kinder rümpfen bei diesen deftigen Gerichten die Nase. Doch die Köche haben sich längst auf kleine Gäste eingestellt und bieten – oft sogar auf einer speziellen Speisekarte –, was der Kindergaumen begehrt: Spaghetti, Schnitzel nach Wiener Art, Pommes frites mit Ketchup, Chicken-Nuggets, Spätzle mit Soße und die oberbayerische Version: Knödel mit Soße. Wenn dann immer noch Hunger herrscht, kann man die Kleinen mit Garantie für eine der herrlichen bayerischen Nachspeisen begeistern.

Ein Muss:
Weißwürscht und Leberkäs

Dessen ungeachtet lassen sich die Erwachsenen nicht stören, die mehr oder weniger deftigen Schmankerl der oberbayerischen Küche durchzuprobieren. Da wären in erster Linie die Weißwürscht (Kalbsbrät, Speck und Gewürze), die mit süßem Senf und einer Brezn gegessen werden – althergebracht ausgezuzzelt oder neubayerisch mit Messer und Gabel verzehrt. Die zweite Spezialität der Region ist der Leberkäs (würziger Fleischteig von Rind und Schwein), vorwiegend mit Kartoffelsalat und/oder Spiegelei warm oder kalt serviert. Witzig: Die Spezialität enthält weder Leber noch Käse. Die Münchner sagen „Lebenskäse", manche meinen, davon sei der irreführende Begriff abgeleitet. Doch etymologisch sieht es etwas anders aus (s. Kasten).

> ### Falscher Brauch und falsches Wort
> *Es stimmt nicht mehr, dass die Weißwürscht „das Mittagsläuten nicht mehr hören" dürfen. Diese Vorgabe stammt aus der Zeit, als die Wurst noch frisch aus dem Kessel verzehrt, also nicht mehr aufgewärmt wurde. Heute gibt es dank Kühlschranklagerung diese Spezialität zu jeder Tageszeit.*
> *Und mit der Meinung, die Bayern betrieben mit ihrem Leberkäs Etikettenschwindel, muss auch aufgeräumt werden. Kein Metzger behauptet, dass sein Produkt Leber und Käse enthalte. Die Geschichte des Wortes: Der erste Leberkäs war wie ein Brotlaib geformt, also wie ein „Laiberl", daraus wurde der Begriff Leber. Und „Kaas" ist das bayerische Wort für eine kompakte essbare Fleischmasse.*

Probieren:
Surhax'n oder Pressack

Außer den oben erwähnten „Schweinereien" gibt es noch das Kalbsschäuferl (gedämpfte Kalbsschulter), die Surhax'n (gepökeltes Schweinefleisch in Sauerkraut gekocht, Eisbein) oder Gselchts (geräuchertes oder gekochtes Schweinefleisch) und das Tellerfleisch (zartes, in

Brühe gekochtes Rindfleisch), das mit Kren (Meerrettich) serviert wird. Wer ein Fleischpflanzerl bestellt, bekommt je nach Stammeszugehörigkeit eine Boulette, eine Frikadelle oder ganz einfach ein Hackfleischbällchen. Im Bereich Wurst darf der Pressack (auch Presskopf, Sausack oder Schwartenmagen) nicht unerwähnt bleiben, eine Mischung aus Schweinekopffleisch und Schwarte oder „Backerl". Es gibt ihn rot (Majorangeschmack) oder weiß (pfefferig) und man kann ihn auch mit Essig, Öl und Zwiebeln anmachen.

Von Wild und Fisch und vom Knödel

Im Alpenland wird auch viel gejagt, entsprechend ist die Auswahl der angebotenen Wildgerichte: gebraten oder als Gulasch von Reh, Hirsch oder Gams, zur Brotzeit Wildsalami und Hirsch-Schinken. Auch Fisch gibt es auf oberbayerischen Wirtstischen zuhauf, vorwiegend Forelle, Renke und Saibling, frisch oder geräuchert. Im Rauch bzw. über Holzkohle gart der auch auf Volksfesten begehrte aufgespießte Steckerlfisch. Zu vielen der oben genannten Gerichte werden als Beilage Knödel gereicht. Dabei ist der Fantasie keine Grenze gesetzt: Es gibt Speckknödel, Kartoffelknödel, Kaas-Pressknödel und vor allem Semmelknödel aus in Milch eingeweichten Semmeln, Eiern, Zwiebeln und Gewürzen. Auch Leberknödel sind eine Spezialität – diesmal wirklich mit Leber –, häufig zu Kartoffeln und Sauerkraut serviert. In kleiner Form kommen sie in die selbst bei Kindern beliebte Leberknödelsuppe.

„So ein Schmarrn": der Kaiserschmarrn

Nun wird es endlich süß, die jungen Esser können es kaum mehr erwarten. Und sie haben die Qual der Wahl: Dampfnudeln sind keine Nudeln, sondern ein aufgeblasener Hefeteig, in Milch und Butterschmalz gedämpft, dazu Vanillesoße oder Kompott. Dies gibt es auch zum Kaiserschmarrn, einem Eierteig mit Rosinen, dessen Masse, kurz

Ein typisch bayerisches Schmankerl: Weißwürscht mit süßem Senf und Brezn

bevor sie stockt, mit Gabeln in kleinere Stücke zerrissen wird. Ebenso wird der Zwetschgen-Datschi (nicht Reiberdatschi, das sind Kartoffelpuffer!) von Leckermäulern gern bestellt, ein Blechkuchen mit saftigem Zwetschgen-Belag. Viele Erwachsene ziehen als Nachspeise einen würzigen Käse vor. Und den gibt es im Alpengebiet in vielen Variationen, immer aus frischer Rohmilch von Kühen, die auf Wiesen und Almen des hügeligen Alpenvorlandes grasen. Vielfach wird biologisch produziert, so z.B. beim Andechser Bio-Ziegenkäse oder bei Käse aus Weihenstephan, wo die Milch von kleinen Familienbetrieben mit höchstens 30 Milchkühen stammt. Nach alter Tradition stellt die Bergader Privatkäserei ihre Produkte ohne künstliche Zusatzstoffe her und der Käsemeister zerschneidet die dickgelegte Milch noch mit der Käseharfe.

> ### Gipfel des Genusses: Obatzter
> *Obatzter heißt in hochdeutsche Lautung übersetzt Angepatzter. Das Wort kommt von „Baaz", Batzen (bayerisch für Haufen, Klumpen, Brocken), und stellt eine breiige Mischung dar. Erfunden hat sie in den 1920er-Jahren die Wirtin Katharina. Das Urrezept: Reifen Camembert, schaumig gerührte Butter, fein gehackte Zwiebeln, etwas Salz, Pfeffer, reichlich Rosenpaprika, Kümmel und ein Schuss Weißbier zu einer Creme verarbeiten. Etwas kräftiger schmeckt der Obatzter mit Limburger oder Romadur, etwas milder mit beigemischtem Quark oder Frischkäse.*

Die besten Durstlöscher

Bleibt noch der Durst. Bei Erwachsenen ist das Bier nicht zu schlagen, der beste Durstlöscher, den es gibt, sagen manche. Eine Maß ordern sollte man unbedingt, wenn in einem Bräustüberl der Gerstensaft einer Privatbrauerei ausgeschenkt wird, dazu gehören die Brauereien von Andechs, Aying, Kaltenberg, Maxlrain, Murnau, Rosenheim und Tegernsee. Wanderer bestellen bei großem Durst lieber eine Radlermaß (Helles mit Zitronenlimonade) oder eine Russenmaß (Weißbier mit Orangenlimonade). Für junge Durstige ist die Auswahl an Cola und Limonaden recht groß, außerdem gibt es immer häufiger frisch gepresste Obstsäfte, hochbegehrt ist auch die Apfelsaftschorle. Köstlich und gesund ist auch ein Glas Milch. Wer im Berchtesgadener Land Urlaub macht (s. Tour 4, S. 49), sollte die dort ökologisch produzierte Bergbauernmilch probieren.

Ein kühles Bier gehört zu einem Oberbayern-Urlaub für die Großen dazu

KINDERFREUNDLICHE BADEPLÄTZE

Oberbayern hat unzählige romantische Seen, deren Wasserqualität regelmäßig von offizieller Seite untersucht wird. Wenn Eintrittsgelder verlangt werden, gibt es auch eine Badeaufsicht. Bei den großen Bädern mit Freibad und Hallenbetrieb sind die Preise relativ hoch, man sollte deshalb hier gleich einen ganzen Tag einplanen. Für das Anmieten von Liegen und Schirmen muss mit je € 3-4 gerechnet werden.

BADEVERGNÜGEN IM SOMMER: NATUR- UND FREIBÄDER

Mitten in der Großstadt: baden an der Isar

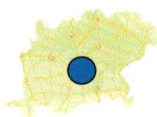

Nach einigen Problemen mit der Sauberkeit der Isar ist jetzt durch Behandlung der Kläranlagenabläufe mit ultraviolettem Licht die hygienische Wasserqualität des Flusses gewährleistet. Nur nach starkem Regen sollte man nicht ins Wasser gehen, weil dann Krankheitserreger einfließen können. Von den vielen Badestellen entlang der Isar (überall im Stadtgebiet kann in der Isar gebadet werden) ist das Naherholungsgebiet Flaucher in der Nähe des Tierparks Hellabrunn besonders zu empfehlen (zwischen Flauchersteg im Süden und Brudermühlbrücke im Norden). Das Ufer ist etwas steinig, flussaufwärts folgen Wiesen, die Kiesbank wird von FKK-lern bevorzugt. Die Wasserwacht hat ihre Station an der westlichen Seite des Flauchersteges. Weiterer Vorteil: Das Restaurant „Zum Flaucher" mit Biergarten ist ganz in der Nähe (Isarauen 8, 81379 München, Tel. 089-723 26 77, Fr-So 11-18 Uhr, Kinderspielplatz).

Anfahrt: *am besten mit der U 3 bis Tierpark Hellabrunn oder Brudermühlstraße.*

Die Isarauen in München: beliebte Badestelle für Großstädter

Idyllischer Moorsee: der Weitsee

Südlich des Ortes Schnaitsee, 15 Kilometer östlich von Wasserburg, liegt in einem Schutzgebiet die Schnaitseer Seenplatte mit fünf Seen. Der größte, der Weitsee, bietet idyllische Badegelegenheiten in unberührter Landschaft. Pontons dienen als künstliche Inseln, Kinder finden einen Spielplatz mit zum See geöffnetem Sandkasten und einen Bolzplatz. Außerdem gibt es: Liegewiese am Waldesrand, Kiosk mit Biergarten, sanitäre Anlagen und Umkleidekabinen.

Weitsee, Informationsamt, Tel. 08074-91 91 96, www.schnaitsee.de, Mai-Sep 10 Uhr-open end, Erw. € 2,

Was gibt es Schöneres für Kinder, als nach Herzenslust zu planschen

Kinder und Jugendliche (6-16 J.) € 0,50, Schüler/Studenten € 1.
Anfahrt: von der B 304 mehrere Abfahrten nach Norden, im Ort Schnaitsee ausgeschildert.

Strandbad mit geselligem Biergarten: Seewinkel Herrsching

Das Strandbad Seewinkel Herrsching hat eine besondere Geschichte: Ein Privatmann vererbte einst den Park der Gemeinde mit der Auflage, dass alle Besucher freien Eintritt haben müssten. Davon profitieren Besucher noch heute. Auf der großen Liegewiese finden kleinere Kinder ihren Spielplatz, die größeren spielen Beachvolleyball oder Boccia, mutige Schwimmer stürzen sich vom Sprungturm. Der Einstieg in den Ammersee vom Kiesstrand aus ist sanft, sanitäre Anlagen und Kabinen sind vorhanden, in der geselligen Strandbar mit Biergarten gibt es warme Gerichte, Snacks und Eis.

Seewinkel Herrsching, Keramikstr. 1, 82211 Herrsching am Ammersee, Tel. 08152-904 03 77, Mai-Sep 10-23 Uhr, Eintritt frei.
Anfahrt: von München mit der S 5 zum Bahnhof Herrsching, ca. 3 Min. zum See, rechts vom Dampfersteg noch einmal 2 Min. auf der Promenade entlang, vorbei am Kurparkschlössl.

Im Schatten der Burg: Wöhrsee Burghausen

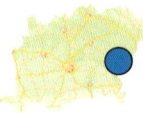

Burghausens Badeparadies ist 1,2 Kilometer lang und bietet viel für Familien: Kinderbecken im See, Abenteuer- und Wasserspielplatz, schwimmende Inseln und Sprungturm, Tischtennis und große Liegewiese. Auch Bootfahren ist möglich, außerdem gibt es ein Sole-Außenbecken (32 °C) und ein Terrassencafé. Gute Wasserqualität.

Wöhrsee Burghausen, *Wöhrgasse, 84489 Burghausen, Tel. 08677-88 74 79, Mai-Sep 8-20 Uhr, Erw. € 2, Kinder und Jugendliche (6-16 J.) € 1.*

Ganz natürlicher Badespaß im biologisch gereinigten Aschauerweiher

Deutschlands größtes Naturbad: der Aschauerweiher

Modernes Freizeitbad mit Teich- und Uferlandschaft, in dem die Reinigung des Wassers durch Pflanzen und Mikroorganismen erledigt wird: ideal für Kleinkinder und Allergiker. Darüber hinaus gibt es viel Unterhaltung: Kleinkinderbecken mit Kies, Kiesstrand mit Bachlauf, Sprungbrett, Sprungfelsen, Kinderrutschen, Pirateninsel, Fontäne, Hängebrücke, große Liegewiese und Holzliegeflächen, Beachvolleyball. Kneippanlage, sanitäre Anlagen mit Wickeltisch. Im Winter kostenloser Eislaufbetrieb. Für das leibliche Wohl sorgt das Restaurant Aschauerweiherwirt mit vielen Räumen (Tel. 0175-241 07 68).

Und sind die Kleinen schon ganz schrumpelig vom vielen Baden, kann man auf dem Märchenpfad hinter dem Weiher von April bis November auf Rätseltour gehen. Den Rätselplan gibt's bei der Tourist-Information Bischofswiesen (Hauptstr. 40, 83483 Bischofswiesen, Tel. 08652-97 72 20, info@bischofswiesen.de, www.bischofswiesen.de). Hier wartet ein kleines Geschenk, wenn man die Lösungen des Märchenrätsels wieder abliefert.

Naturbad Aschauerweiher, *Aschauerweiherstr. 85, 83483 Bischofswiesen, außerhalb des Ortes, gut ausgeschildert, Tel. 08652-33 66, Mitte Mai-Mitte Sep 8.30-19.30, bei Schlechtwetter 8.30-11 Uhr, Erw. € 4,60, Kinder u. Jugendl. (6-17 J.), Studenten € 2,20.*

Enten füttern verboten: Badedermatitis

Seen stellen einen idealen Lebensraum für Wasservögel dar und für Kinder gibt es nichts Schöneres, als Enten zu füttern. Sie sollten in diesem Punkt aber mäßigend auf Ihren tierlieben Nachwuchs einwirken, denn je mehr Wasservögel in der Nähe von Badestellen siedeln, umso stärker wird das Wasser durch Vogelkot verunreinigt. Und das ist nicht nur eklig, es kann bei Badegästen sogar Hautkrankheiten wie die Badedermatitis verursachen. Dies ist ein harmloser, aber lästiger, stark juckender Hautausschlag, der nach ca. 10 bis 20 Tagen abheilt. Verursacher sind Zerkarien, die Larven von Saugwürmern aus dem Kot von Wasservögeln, die in die Haut von badenden Menschen eindringen und dann dort absterben. Das Risiko des Zerkarienbefalls kann vermindert werden, wenn die nasse Badebekleidung nach Verlassen des Wassers sofort abgelegt und der Körper mit einem Handtuch kräftig abgerubbelt wird. Die Wasserqualität wird durch das Vorkommen von Zerkarien nicht nachteilig beeinflusst.

Der Chiemsee bietet Familien vielfältige an Freizeitmöglichkeiten

Der Schönste am See: der Chiemseepark

Das Strandbad in Seebruck ist nicht nur das schönste am Chiemsee, sondern auch überraschend preiswert. Ein heißer Tipp für Familien, die im Chiemgau Urlaub machen! Das Ufer ist leicht abfallend, gut geeignet für kleine Planscher, von der großen Liegewiese, die leider nur wenig Schatten bietet, geht ein Steg in den See. Es gibt ein Badefloß, einen Abenteuerspielplatz, Sandkasten, Tischtennis, Beachvolleyball sowie einen Wickelraum. Das preiswerte Restaurant mit Biergarten bietet gute Hausmannskost, Brotzeiten, Eis, Kaffee und Kuchen.

Chiemseepark, Am Chiemseepark 9, 83358 Seebruck, Tel. 08667-687, info@strandbad-seebruck.de, www.info-seebruck.de/strandbad, Mai u. Sep 9-18, Juni-Aug 8-20 Uhr, Erw. € 1,50, Kinder und Jugendliche (6-18 J.) € 0,50.

Romantische Badeseen: Pelhamer und Hartsee

Vor etwa 10.000 Jahren wurde die Hemhof-Eggstätter-7-Seen-Platte durch Chiemsee- und Inngletscher gebildet. Das Gebiet steht heute unter Naturschutz. In zwei Seen darf jedoch gebadet werden. Der romantische **Pelhamer See** im Nordwesten ist von Birken und Schilf umsäumt, vom schönen Liegerasen führt ein Steg ins Wasser, vom Ufer ist der Einstieg sehr steil. Direkt gegenüber liegt das Restaurant/Hotel Seeblick (Pelham am See 4, 83093 Bad Endorf, Tel. 08053-309-0, info@hotel-seeblick-pelham.de, www.hotel-seeblick-pelham.de). Auf der anderen Seite, im Nordosten der Seenplatte, liegt der **Hartsee** bei Eggstätt. Hier gibt es sogar eine Wasserwacht, sanitäre Anlagen und Kabinen, der Einstieg vom Kiesufer ist sanft, zwei Stege führen ins Wasser und in der Mitte des Sees ist ein Ponton verankert. Neben Liegeplätzen auf der Wiese und im Wald gibt es Spielplatz, Sandkasten, Tischtennis, Minigolf und Beachvolleyball. Im Hartsee-Stüberl (Am Hartseebad, 83125 Eggstätt, Tel. 08056-19 97, Do-Mo ab 10 Uhr) kann man sich drinnen oder im Biergarten verköstigen, dort werden auch Boote vermietet (1 Stunde Ruderboot € 6). An beiden Seen wird kein Eintritt verlangt.

*Anfahrt: für **Pelhamer See** A8 Ausf. Rosenheim, über Prutting nach Bad Endorf, links Richtung Traunstein, nach 2 km links nach Hemhof, nach weiteren 1,5 km bis Pelham am See; für den **Hartsee** wie oben bis Bad Endorf, von dort Richtung Seebruck, in Oberndorf nordwärts nach Eggstätt abbiegen, von dort über die Obinger Straße Richtung Nordende des Sees, an der Lehrer-Hager-Straße nach links zum See abbiegen.*

Viele oberbayerische Naturbäder sind sehr gut für Kinder geeignet

Trubel auf der Erlebnis-Insel: See- und Warmbad Rottach-Egern

Da bleibt kein Auge trocken! In jedem der verschiedenen warmen Becken jubelt Jung und Alt, am heitersten geht es aber eindeutig auf der Erlebnis-Insel in der Mitte des großen Beckens zu: Hier reizen Whirlpool und Luftperl-Liegen zum Kichern. In anderen Pools gibt es eine 51-Meter-Wasserrutsche und einen Strömungskanal. Kleine Kinder haben Freude am Planschbecken auf zwei Ebenen mit Verbindungsrutsche. Von der großen Liegewiese gelangt man direkt zum gepflegten Sandstrand, bei Hunger und Durst sorgen ein Café und ein SB-Restaurant für Abhilfe.

See- und Warmbad Rottach-Egern, Nördliche Hauptstr. 35 (Eingang Max-Josef-Weg), 83700 Rottach-Egern, Tel. 08022-928 90, info@rottach-egern.de, www.rottach-egern.de, tägl. Mai und Sep 9-19, Juni-Aug 9-20, Mai-Sep Mi und Sa Frühschwimmen ab 7 Uhr, Sauna und Dampfbad ganzjährig geöffnet, Tageskarte Erw. € 7,50, Kinder (7-15 J.) sowie Schüler und Studenten € 4.

51-Meter-Riesenrutsche und Strömungskanal: Vergnügen für aktive Wasserratten

Sanftes Moorwasser in freier Natur: Freibad Eichmühle

Ein natürlicher Moorsee mitten im Wald – ein besonderes Erlebnis für Alt und Jung. Im Naturfreibad Eichmühle können Eltern auf der großen Wiese mit festen Liegen relaxen, während sich die Kids auspowern. Für kleinere Kinder gibt es einen abgetrennten betonierten Bereich. Ein Klärweiher sorgt für sauberes Wasser. FKK-Bereich, SB-Restaurant ab 11 Uhr.

Naturfreibad Eichmühle, ab Bhf. gut ausgeschildert, Eichmühlstr., 83646 Bad Tölz, Tel. 08041-79 72 09, Infos bei den Stadtwerken Bad Tölz *(www.stw-toelz.de), Mai-Mitte Sep 10-20 Uhr (bei schönem Wetter, ab 15 °C), Erw. € 3, Kinder (5-17 J.) € 1,50.*

Sowohl Eltern als auch Kinder haben ihren Spaß im natürlichen Moorsee

Juwel des Werdenfelser Landes: der Eibsee

Ringsum bewaldete Hügel, das Wasser tiefblau, das steinige Ufer frei zugänglich – an heißen Tagen kann man sich in 1.000 Meter Höhe an einem der vielen Freibadeplätze in idyllischen Buchten erfrischen, einen kleinen Strand gibt es am Hotel Eibsee. Aber der Eibsee ist nicht nur für Wasserratten ein Traum, er ist auch ein wahres Anglerparadies: In ihm tummeln sich Hechte, Forellen, Renken, Karpfen und Schleien. Und auch Wanderer kommen auf ihre Kosten: Der Rundweg um den See (7,2 km) dauert ca. zwei Stunden. Gleich am Anfang des Sees, von Grainau kommend, gibt es einen Kiosk und einen Bootsverleih (jeweils 1 Std. Ruderboot € 6, Tretboot € 8, Rutschenboot € 10) sowie das Seerestaurant Eibsee-Pavillon (Tel. 08821-89 13, Ende April-Ende Okt).

Anfahrt: ab Garmisch über Grainau bis zur Talstation der Zugspitz-Seilbahn oder mit Bus bzw. Zugspitzbahn.

Südlich vom Schloss Ammerland folgt Badespaß am unverbauten Ufer

Groß, flach und schattig: Strände in Ammerland und Ambach

Am Ostufer des Starnberger Sees, in der Gemeinde Münsing, liegt das Erholungsgebiet Ammerland, an das sich im Süden das Erholungsgebiet von Ambach anschließt. Beide zusammen stellen am See die größte unverbaute Uferstrecke dar, mit schattigen Wäldern, unzähligen kleinen Badeplätzen, zum Teil mit Wiesen, meist mit sanftem Einstieg, manchmal gibt es Stege als Einsteighilfe. Wenn auch in der Hauptsaison Scharen von Familien diese Romantik suchen, ein Plätzchen ist immer zu finden und auf den Parkplätzen haben mehr als 2.000 Fahrzeuge Platz.

Im Ambacher Teil gibt es den Biergarten Buchscharner Seewirt (Buchscharn 1, Tel. 08801-24 09, www.buchscharner-seewirt.com, tägl. ab 9 Uhr). Hier kann man an den gemütlichen Holztischen mitgebrachtes Essen verzehren und sich an der Gartenschänke Getränke holen.

Anfahrt: zum Erholungsgebiet Ammerland auf der A95 bis Ausfahrt Wolfratshausen, dann nach Münsing und westwärts zum See bis Ammerland; für Ambach die Ausfahrt Seeshaupt nehmen, an der Ausfahrt rechts bis St. Heinrich, dort an der Kreuzung wieder rechts, dann 2,8 km am See entlang und schließlich rechts in die Einfahrt des Erholungsgeländes abbiegen.

WASSERSPASS – AUCH IM WINTER, WENN ES SCHNEIT: BÄDER MIT INDOORBEREICH

Der totale Familienspaß: Badria in Wasserburg

Im Hallenbad des Badria gibt es zwei Rutschen (69 und 106 Meter), Kleinkind-Erlebnisbecken mit Babymulde, Heißwassersprudelbecken (34 °C) und Gaudibrunnen. Im Sommer tummeln sich die Wasserratten draußen im Badriasee mit Spielschiff, Liege- und Spielwiese. Hier gibt es für alle – von den Kids bis zur Oma – die Familienbreitrutsche, eine Rutschenröhre mit Reifen (ganzjährig), Plätze für Kinderspiele, Beachvolleyball, Minigolf und Grillplätze sowie ein Kneippbecken. Als besondere Aktivitäten werden Babywassergewöhnungs- und Kinderschwimmkurse angeboten.

Badria, Alkorstr. 14, 83512 Wasserburg am Inn, Tel. 08071-81 33, info@badria.de, www.badria.de, So-Do 9-21, Fr/Sa 9-22 Uhr, Tagesticket Erw. € 8,50, Kinder (6-16 J.), Schüler/Studenten ab € 5,30, Familienkarte € 23,30 (max. 4 Pers., davon 2 Erw.), jedes weitere eigene oder Enkelkind vom 6. bis 16. Geburtstag € 4,30.

Kommt ihr mit zum Gaudibrunnen? Oder lieber doch die Rutschenröhre?

Wenn ich groß bin, will ich Bademeister werden!

Das volle Vergnügen: Vita Alpina

Draußen geht es wild zu auf der 76 Meter langen Rutsche und den fünf Sprungtürmen oder im 50-Meter-Sportschwimmbecken. Für die Kleineren gibt es Planschbecken mit Springbrunnen, Nichtschwimmerbecken mit Rutsche, Sandkästen und ein Karussell. Weiterhin bietet der Außenbereich eine große Liegewiese, ein Beachvolleyfeld und Tischtennisplatten. In der Halle rauscht es im Wellenbecken, außerdem gibt es: Lehrschwimmbecken, Verbindung zum Außenbecken mit Solewasser, Whirlpool, Wasserfall, Wasserspielplatz mit Wasserpilz, 40-Meter-Wasserrutsche, Kneippbecken, Dampfgrotte, Solarien und große Saunalandschaft. Gegen den Hunger: Brotzeitraum für Selbstversorger, Kiosk mit kalten und warmen Gerichten, Restaurant im Hallenbad.

Vita Alpina, Wellnessbad mit Saunalandschaft und Freibad, Brander Str. 1, 83324 Ruhpolding, Tel. 08663-419 90, info@vita-alpina.de, www.vita-alpina.de, Freibad Mitte Mai-Anfang Sep 9-19, Erw. € 3,20, Kinder (6-15 J.) € 2, Familien (2 Erw. u. max. 3 Kinder) € 7, Wellnessbad tägl. 9-21 Uhr, Tageskarte (mit Freibad-Benutzung) Erw. € 15,50, Kinder (4-6 J.) € 4, (7-15 J.) € 9,50, Schüler/Studenten € 13,50, Familienkarte ((Groß-)Eltern mit zahlungspfl. Kindern/Enkeln) € 30.

Drinnen, draußen und im See: Prienavera

Das Prienavera bietet alles, was Anspruchsvolle von einem Schwimmbad verlangen. Der Badelustige kann sich zwischen Erlebnisbad mit Sauna (Becken mit Strömungskanal und Sprudelmassage, 25-Meter-Schwimmerbecken, Kleinkindbecken (31 °C) mit Wasserfall und Minirutsche, 70-Meter-Röhrenrutsche, Wellnessbecken (34 °C) mit Sprudelsitzen und Unterwassermusik, Kneippbecken) und Strandbad (Pool mit Whirlpool, Liegewiese, Kinderspielplatz, Tischtennis, Beachvolleyball) entscheiden. Und wenn ihm das noch nicht reicht, hat er im Prienavera sogar direkten Zugang zum Chiemsee. Packt einen der Hunger, kann man sich in zwei Bistros verköstigen, draußen gibt es die Seeterrasse mit Bewirtung und einen Kiosk. Besondere Angebote für Eltern mit Kindern: Wickelraum mit Kinder-WC in der Schwimmhalle, Kinder-Speisekarte, Verleih von Lätzchen und Malkiste.

Prienavera, Seestr. 120, 83209 Prien am Chiemsee, Tel. 08051-60 95 70, info@prienavera.de, www.prienavera.de, Erlebnisbad Mo-Fr 10-21, Sa/So und an Feiertagen 9-21, Tageskarte Erw. € 10,90, Kinder (7-14 J.) € 6,50; Strandbad Mai-Sep tägl. 9-20, ab 7 J. € 2,50, ab 18 Uhr frei.

Moderner Badetempel in einzigartiger Umgebung: das Prienavera

Wo die rosa Riesenkrake ganze Familien verschluckt, herrscht das Adrenalin

Ein ganzer Tag Familienspaß: Alpamare

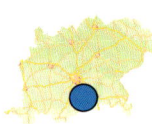

Wasser-Erlebnisse am laufenden Band werden hier geboten, draußen drei Sprudel- und Thermalbecken, drinnen Thermalhallenbad mit Aqua-Fitness und Wellenbad mit einem Meter hohen Wellen. Für den Adrenalinstoß gibt es sieben Rutschen mit einer Gesamtlänge von 1.000 Metern mit Gruseleffekten, Dunkelheit und Kälteschock, im großen Park mit Liegewiesen werden Liegestühle und Sonnenschirme kostenlos zur Verfügung gestellt. Auf die Kids wartet der Spielbereich mit Froschrutsche und Schiffchenkanal, Leuchtturm und Schleusen zum unbeschwerten Spielen. Zusammen mit den Eltern macht eine Fahrt auf der Familienrutsche großen Spaß, die Größeren können sich in der Surfanlage (Geschwindigkeiten bis 50 km/h, extra € 3/Std.) austoben. Im Restaurant gibt es Kinderteller schon ab € 2,50.

Alpamare, Ludwigstr. 14, 83646 Bad Tölz, Tel. 08041-50 99 99, *wasser welt@alpamare.de*, *www.alpamare.de*, Bad tägl. 9.30-22, Rutschbahnen tägl. 11-21.30, Surfanlage tägl. 11.30-21.30 Uhr, Tageskarte Erw. € 34, Kinder (7-14 J.) € 23.

Volle Action drinnen und draußen: das Plantsch

Das Freibad des Plantsch verfügt über ein Sportbecken, einen Pool für Nichtschwimmer sowie ein auch von der Halle erreichbares Wellness-Außenbecken (34 °C). Außerdem gibt es ein Mutter-Kind-Becken (28 °C) mit Schattendach und Spielgeräten, eine Breitwellenrutsche, Beachvolleyballfelder und einen Kinderspielplatz mit Sand, Matschtischen, Spielturm und Klettergerüst. Das Hallenbad „Badewelt" hat zwei reguläre Becken, eines davon für Wassergymnastik, und ein drittes für Mutter und Kind (33 °C). Auf wagemutige Schwimmer wartet eine 86-Meter-Reifenrutsche. In der Nähe von Dusche und WC gibt es Waschbecken für Kinder sowie einen Wickeltisch.

Plantsch Schongau, Lechuferstr. 6, 86956 Schongau, Tel. 08861-21 44 44, info@plantsch.de, www.plantsch.de, Sommerbetrieb Mai-Mitte Sep täglich 9-21 Uhr, Badewelt im Winter Mo-Do 13-22, Fr 9-22, Sa/So und an Feiertagen 9-20 Uhr, Freibad und Badewelt: Erw. € 5,50, Kinder (6-16 J.) € 3,60, Familien (Eltern und Kinder bis 16 J.) € 13, Badewelt im Winter: Erw. € 9, Kinder € 5,30, Familien € 20,50.

Hilfe beim Bad und auf dem Eis

*Wer für den Urlaub gern schon frühzeitig vorsorgt und wissen will, wohin er sich wenden kann, wenn beim sommerlichen Bad im See oder beim Eislaufen auf Natureisflächen Menschen in Not geraten, sollte sich die Nummer der Wasserwacht seines Urlaubsortes in sein Handy einspeichern. Auskunft erteilt das **Bayerische Rote Kreuz**, Bereich Rettungsdienst, Garmischer Str. 19-21, 81373 München, Tel. 089-92 41 14 88, info@bvobb.brk.de, www.bvoberbayern.brk.de.*

Wenn das Plantsch seine Pforten öffnet, gibt es für die Kleinen kein Halten mehr

Mit Bilderbuch-Panorama: Wasserpark Starnberg

Ein Steg führt in den See, ein Stück weiter draußen ist eine Badeinsel vertäut. Auf der großen Liegewiese gibt es ein beheiztes Babybecken, Tischtennis, Boccia und einen Biergarten. Falls es regnet, oder im Winter benutzt man das Hallenbad: Sportbecken mit Sprungbrett (1 und 3 Meter), Mehrzweckbecken, Whirlpool, extrawarmes Babybecken, Kinderbecken mit Rutsche, zwei Sprudelbecken, Solarien und Sauna. Und immer hat der Badegast einen herrlichen Panoramablick auf den See und die Alpen.

Wasserpark Starnberg, *Strandbadstr. 5, 82319 Starnberg, Tel. 08151-126 66, info@wasserpark-starnberg.de, www.wasserpark-starnberg.de, Hallenbad ganzjährig Mo 10-17, Di-Fr 13-21, Sa/So 8-20, Erw. € 4, Kinder und Jugendliche (4-18 J.), Studenten und Rentner € 2,50, Strandbad Anfang Mai-Mitte Sep Mo-Fr 9-20, Sa/So 8-20 Uhr, Erw. € 3, Kinder und Jugendliche (4-18 J.), Studenten und Rentner € 2.*
Anfahrt: *mit dem Auto von München kommend erste Ampel links, nach ca. 100 m ist der Wasserpark bereits zu sehen, großer Parkplatz direkt gegenüber, Parkgebühren werden mit dem Eintritt zurückerstattet. Alternativ: Mit der S 6 bis Bahnhof Starnberg, dann zehn Minuten zu Fuß links am See entlang.*

Starnbergs Super-Angebot: der See und der ganzjährige Wasserpark

ZEHN TOUREN, DIE ALLEN SPASS MACHEN

Tour 1: München – Stadt mit einem Herz für Kinder

Marienplatz • Alter Peter • Viktualienmarkt • Sendlinger Tor • Herzog-Wilhelm-Straße • Stachus • Neuhauser und Kaufingerstraße • Frauenkirche • Feldherrnhalle • Theatinerkirche • Residenz • Platzl • Isartor

Wo: im Zentrum Münchens – Wie: zu Fuß – Dauer: Tagestour, ohne Museen Halbtagestour – Nicht vergessen: leichte bequeme Straßenschuhe, Kamera, Notizblock, Fernrohr, 50-Cent-Münzen

Bayerns Hauptstadt bietet nicht nur Sehenswürdigkeiten, Weißwurst mit Brezn und Shoppingmeilen, die Stadt an der Isar hat auch ein Herz für Kinder.

Vor allem in den Sommerferien bleibt kein Tag ohne Spiel und Spaß, bei schlechtem Wetter gibt es Familienprogramme in vielen Museen. Dabei geht es nicht nur um Kunst und Sammlungen, nicht nur das Spielzeugmuseum widmet sich der kindlichen Seele. Die städtischen Ruhezonen wie der riesige Englische Garten und die vielen Biergärten – die natürlich auch Limogärten sind – sorgen für Erfrischung und gute Laune. Für Auskünfte zu allen Sehenswürdigkeiten sorgt die Broschüre „Stadtfüh-

Münchens älteste Pfarrkirche: der Alte Peter hinter dem Viktualienmarkt

rer", erhältlich in den **Informationsämtern** [Tourist-Information im Hauptbahnhof, Bahnhofplatz 2, und im Neuen Rathaus am Marienplatz, Tel. 089-23 39 65 00, tourismus@muenchen.de, www.muenchen-touristeninformation.de].

Mehr Taschengeld: Geldbörse waschen

Startpunkt für einen abwechslungsreichen München-Bummel ist der pittoreske **Marienplatz**. Dieser bietet sich an, denn dort halten die meisten S- und U-Bahnen sowie Buslinien. Beherrscht wird das Areal von der neugotischen Fassade des **Neuen Rathauses**, von dessen Turm um 11, 12 und 17 Uhr das Melodienspiel der 43 Glocken ertönt, während sich in 85 Meter Höhe die Gruppe der lebensgroßen Schäffler (Böttcher oder Fassbinder) tanzend im Kreis dreht. Auf der östlichen Seite des Platzes verabredet sich der Münchner gern am **Fischbrunnen**, der von einem bronzenen Kugelfisch gekrönt wird. Hier wäscht der Oberbürgermeister am Aschermittwoch seinen Geldbeutel und wünscht damit einen vollen Stadtsäckel herbei. Viele junge Leute ahmen die Sitte nach, in der Hoffnung auf mehr Taschengeld.

Plüschbären und Barbies

Am östlichen Ende des Marienplatzes steht als reizvoller Blickfang das **Alte Rathaus**, ein Beispiel bürgerlicher bayerischer Gotik. In seinem Turm befindet sich das bei Jung und Alt beliebte **Spielzeugmuseum** [Marienplatz 15, Tel. 089-29 40 01, tourismus@muenchen.de, www.spielzeugmuseum-muenchen.de, tägl. 10-17.30 Uhr, Erw. € 3, Kinder (4-15 J.) € 1, Familienticket (mit Kindern bis 15 J.) € 6]. Die vier Stockwerke haben viel zu bieten: Eisenbahnen, Flugzeuge, Puppen und Puppenstuben, Karussells, Plüschbären und einen Zoo aus Stofftieren, aber auch eine Barbie-Sammlung und die Ausstellung „Teddybär 100 Jahre alt".

Sich Überblick verschaffen

Von hier über den Petersplatz geht es Richtung Viktualienmarkt (s. S. 34 und Kasten oben). Zuerst machen die Stadt-

---

Wie in Omas Küche

*Hat man den Maibaum des Viktualienmarktes erreicht, kommt ein paar Schritte weiter die Frauenstraße. An der Ecke zur Blumenstraße, neben der Löwen-Apotheke, duftet es schon verführerisch aus der **Viktus-Suppenküche** (früher Soupmama). Dort treffen sich Marktler, Geschäftsleute mit Krawatte und pfiffige Urlauber. Denn hier wird gesund gekocht, ohne künstliche Aromen, Glutamat und Konsorten. Wer Warmes haben will, bestellt die Erbsensuppe mit Würstl und Brot, fantasievoll sind die Salate, z.B. „Mexikan Style" mit Huhn, Orange, Paprika, Mais und Erdnuss-Chili-Dressing. Dazu gibt es frisch gepresste Säfte. Viktus, Blumenstr. 1/Ecke Frauenstr., Tel. 089-23 07 76 45, Mo-Sa 12-17 Uhr, Angebot der Woche über viktualienmarkt@viktus.de, www.viktus.de.*

besichtiger aber Halt an Münchens ältester Pfarrkirche, dem **Alten Peter** [Mo-Fr 9-18.30, Sa/So 10-18.30, im Winter bis 17.30 Uhr, Erw. € 1,50, ab 6 J. € 0,50, ab 10 J. € 1]. Von seinem Turm aus kann man sich aus der Vogelperspektive bezüglich der vorgeschlagenen Stadttour orientieren. Der Blick auf Stadt und die Alpen muss allerdings über 306 Stufen erarbeitet werden. Vorsicht bei Gegenverkehr! Und 50-Cent-Münzen für das Fernrohr nicht vergessen.

Münchens Bauch: der Viktualienmarkt

Wenn nach der Besteigung des Alten Peter Hunger und Durst aufkommen, erfüllt der nahe **Viktualienmarkt** alle diesbezüglichen Wünsche. Das fängt schon bei einer Brezn von einem der 140 „Stand'ln" oder einem Leberkäs im Biergarten unter dem gigantischen Maibaum und den Kastanienbäumen an (s. Kasten S. 33). Dort ist auch als Brunnenfigur das Münchner Original Karl Valentin zu finden. Von größeren Einkäufen sollte man besser absehen, denn das Murren über die zu hohen Preise ist so alt wie der Markt selbst.

Vom Wunschring und der Mäuseprinzessin

Quer rüber, Richtung Westen durch das Rosental, vorbei am Rindermarkt, erreichen wir die Sendlinger Straße mit der **Asamkirche** [tägl. 8-17.30 Uhr]. Am Ende der Straße steht das mächtige **Sendlinger Tor.** Nach links geht es zum **Münchner Marionettentheater** (s. Kasten S. 8), hinter dem Tor nach rechts in die schattige **Herzog-Wilhelm-Straße**, eine Allee mit Spielplatz, Bänken und einigen

> ### Stadtrundfahrten: der totale Überblick
> *Für Eltern wie für Kinder ist es ein Hochgenuss, vom Oberdeck eines **Doppeldeckers** aus die Stadt zu genießen. Den freien Blick gibt es in zwei Versionen: „Ringlinie", 1 Std. im Zentrum, Erw. € 13,90, Kinder (4-12 J.) € 7,90, Abf. 10-17 Uhr jede halbe Std., oder „Große Stadt-Rundfahrt" bis Schloss Nymphenburg, 2 Std., Erw. € 19,90, Kinder (4-12 J.) € 7,90, Sa/So 10, 12.30 und 15 Uhr, Abf. am Bahnhofplatz vor dem Elisenhof. Preiswerter bei Onlinebuchung mit Ticketausdruck, www.citysightseeing-muenchen.de.*

Kunstwerken. Vor allem die letzte Skulptur, eine tiefschwarze Eisenplastik, sollte beachtet werden. Man muss um sie herumgehen, um alle ihre Geheimnisse zu entdecken: ein bärtiger Mann, an dessen Ohr zwei Mäuse knabbern, zwei Mädchen, eines mit hüftlangen Haaren, das andere mit Pferdeschwanz, ein Gockel und andere fantasievolle Details. Die Künstlerin Angelika Fazekas hat den Text zur Plastik ganz unten am Sockel angebracht, für Knirpse ein Kinderspiel, ihn zu entziffern. Es wird auf einen berühmten deutschen Dichter hingewiesen. Eine Aufgabe für die ganze Familie: Wie heißt das Märchen mit dem Wunschring und der Mäuseprinzessin? Viel Spaß, die Arbeit lohnt sich (Lösung am Ende der Tourbeschreibung).

Vom Brunnenbuberl zum Salome-Brunnen

Ein paar Schritte weiter zeigt sich Münchens **Stachus** in seiner ganzen Pracht. Hier erfrischen sich im Sommer Einheimische und Gäste im Wasser des großen, hohen Springbrunnens, im Winter verwandelt sich das Becken in ein Eisstadion. Östlich hinter dem Tor beginnt in der **Neuhauserstraße** eine große Fußgängerzone mit allen denkbaren Einkaufs- und Einkehrmöglichkeiten. Und auch hier gibt es Besonderheiten zu entdecken: Da spuckt doch an der Ecke Herzog-Max-Straße ein Satyr dem **„Brunnenbuberl"** auf den Kopf, Frechheit! Nur wer genau hinschaut, entdeckt, dass der Lausbub den Wasserhahn des lüsternen Waldgeistes zuhält, reine Notwehr also. Bald ist die **Kaufingerstraße** erreicht.

Links weitet sie sich zu einem Platz aus, in dessen Mitte der **Richard-Strauss-Brunnen** plätschert. Die Säule zeigt Szenen aus der Strauss-Oper „Salome". Zum Nachlesen: Richard Georg Strauss wurde am 11. Juni 1864 in München geboren, er starb am 8. September 1949 in Garmisch-Partenkirchen – er war also ein Bayer und kein Wiener, wie viele glauben!

Frauenkirche und Feldherrnhalle

Auf dem Weg zum Marienplatz lugen immer wieder zwei gotische Türme mit „Welschen Hauben" aus den Gassen. Ist der eine nicht höher oder sind beide doch gleich hoch? Gut hinschauen! Die Lösung gibt es am Ende der Tourbeschreibung. Die Türme gehören zum

Der Karlsplatz, von den Münchnern liebevoll auch Stachus genannt

Zehn Touren, die allen Spaß machen

*Die Frauenkirche:
Wahrzeichen der Stadt München*

spätgotischen **Dom zu Unserer Lieben Frau**, von den Münchnern kurz „Frauenkirche" genannt [Sa-Mi 7-19, Do 7-20.30, Fr 7-18 Uhr]. Die Hallenkirche mit dem 109 Meter langen Langhaus überrascht durch ihre Helligkeit. Die Glasmalereien im Chor vom Ende des 14. bis zum Beginn des 16. Jahrhunderts überstanden glücklicherweise den Krieg unbeschädigt.
Durch ein paar enge Gassen (Albertgasse, Weinstraße) kommt man zur **Theatinerstraße**. An ihrem Ende bewachen zwei mächtige Löwen die **Feldherrnhalle**, eine offene Halle, der „Loggia dei Lanzi" in Florenz nachgeahmt. Gegenüber in strahlendem Ocker wieder italienische Architektur: die **Theatinerkirche** [tägl. 7-19 Uhr]. Eigenartig ist die Wetterfahne, die normalerweise von einem Hahn gekrönt wird. Jedoch – auch hier genau hinschauen – Münchner sind eigenwillig: Es ist ein Wappentier, ein Symbol für Mut und Unerschrockenheit. Also, ein …? (Lösung am Ende.) Hier beginnt die **Ludwigstraße**, der man nachsagt, dem neuen Stadtgebiet ein monumental-italienisches Gesicht gegeben zu haben.

Ins Land der Pharaonen und Hieroglyphen

Hinter der Theatinerkirche beginnt rechter Hand der idyllische Hofgarten, an seiner Seite befindet sich das **Ägyptische Museum** [Am Hofgarten 1, Tel. 089-29 85 46, schoske@aegyptisches-museum-muenchen.com, www.aegyptisches-museum-muenchen.de, Di 9-21, Mi-Fr 9-17, Sa/So 10-17 Uhr, Erw. € 6, bis 16 J. frei]. Damit die vielen Götter- und Pharaonennamen für die Jüngsten nicht zur Tortur werden, bietet das Museum etwas Besonderes an: Für Kinder von 7 bis 12 Jahren kann man an der Kasse kostenlos (gegen Hinterlegung eines Pfandes) einen Rucksack ausleihen, der acht spannende Aufgaben zur Ausstellung enthält, die es nun tatkräftig zu lösen gilt.

Bierseligkeit und Eis-Paradies

Auf dem Weg zurück zum Zentrum gibt es noch einmal viel Abwechslung. Von der Residenzstraße geht es vorbei am Max-Joseph-Platz mit der Oper, ein Stück durch die Maximilianstraße, von dort nach rechts über eine der Seitenstraßen (Hofgraben oder Sparkassenstraße) zum **Platzl** mit dem **Hofbräuhaus**. Dort ist immer viel bierselige Stimmung („oans, zwoa, gsuffa") und die bayerischen Schmankerl sind recht preiswert. Zum Platzl gehört auch der Gewürzladen von Fernsehkoch Alfons Schuhbeck und die

Mit dem Picknickkorb in den Biergarten

Münchens Biergärten sind berühmt für ihre deftigen Schmankerl, aber auch für die familienfreundliche Sitte, sich sein Essen selbst mitbringen zu dürfen. Gekauft werden dann nur die Getränke. Für Selbstverpfleger sind die ungedeckten Tische bestimmt. Geöffnet haben die Gärten bei schönem Wetter zwischen 11 und 22/23 Uhr. Folgende Biergärten bieten auch Unterhaltung für Kinder:

Aumeister am Englischen Garten (Sondermeierstr. 1, Tel. 089-18 93 14 20, www.aumeister.de): Spielplatz, Kleinkinderhaus, Karussell, Zauberer Peppino (So).

Hirschgarten (Hirschgarten 1, Nymphenburg, Tel. 089-17 99 91 19, www.hirschgarten.de): Wasserspielplatz, Tischtennis, Damwildgehege.

Waldwirtschaft (Georg-Kalb-Str. 3, Großhesselohe, Tel. 089-74 99 40 30, www.waldwirtschaft.de): Sandkasten, Minigolf, Schiffschaukel, Elektro-Bimmelbahn.

Menterschwaige (Menterschwaigstr. 4, Harlaching, Tel. 089-64 07 32, www.menterschwaige.de);:Piratenschiff, Spielplatz mit Drehkreisel, Rutschturm, Karussell, für Kinder unter 1,50 Metern Wiener mit Pommes für € 1,50.

Chocolaterie mit selbst gemachter Schokolade, Pralinen sowie Trinkschokolade [beide Platzl 4a, Mo-Sa 10-19 Uhr]. Für Eis-Begeisterte gibt es gleich in der Nähe Schuhbecks verführerischen Eissalon [Pfisterstr. 9-11, März-Nov 11-24 Uhr] mit 160 Sorten Eis, täglich 36 Sorten im Wechsel. Empfehlung: Schokolade-Chili-Eis oder Mascarpone-Feigen-Eis.

Für die Lachmuskeln

Nun geht es aber schnurstracks vom Platzl über die Brauhaus- und Hochbrückenstraße in die Straße mit dem eigenartigen Namen **Tal**, die direkt zum **Isartor** führt. Im Torturm befindet sich das **Valentin-Karlstadt-Musäum** [Tal 50, Tel. 089-22 32 66, info@ valentin- musaeum.de, www.valentin-musaeum.de, Mo/Di/Do 11.01-17.29, Fr/Sa 11.01-17.59, So 10.01-17.59 Uhr, Erw. € 2,99, Kinder (ab 6 J.), Schüler und Studenten € 1,99]. Die hintersinnig-originale Sammlung des Münchner Originals Karl Valentin (1882-1948) lässt Kinder wie Erwachsene schmunzeln. Man suche und beachte den Nagel, an den Valentin seinen Beruf gehängt hat … Ganz oben im Turmstüberl geht die Gaudi weiter. Hier gibt's vorzügliche Weißwürscht mit Brezn.

Lösungen der Rätsel:
1. Zur Skulptur in der Herzog-Wilhelm-Straße: Clemens Brentano (1778-1842) „Das Märchen von Gockel, Hinkel und Gackeleia".
2. Die Differenz der beiden Türme beträgt lediglich 12 Zentimeter, das kann nur ein Falkenauge erspähen (Nordturm 98,57, Südturm 98,45 Meter). 3. Das Wappentier der Wittelsbacher ist ein Löwe.

Tour 2: Der nördliche Städtebogen vor München

Dachau • Oberschleißheim/Schleißheim • Freising • Flughafen München • Erding

Wo: im Halbkreis nördlich von München – Wie: mit dem Auto, ab München auch mit der S-Bahn – Dauer: Städtetour ein halber Tag, mit Erding ein Tagesausflug – Nicht vergessen: Notizblock, Kamera/ Zeichenblock, Badesachen

Münchens nördlicher Städtebogen beginnt in Dachau, der Stadt mit Schloss, Gemäldegalerie und KZ-Gedenkstätte. Mit dem Auto ein Katzensprung ist es von dort zur prächtigen Schlossanlage Schleißheim und für technisch Interessierte zur alten Flugwerft, die einen Überblick über die Geschichte der Luftfahrt gibt. Im tausendjährigen Freising grüßt schon von Weitem der Domberg, in dessen Museum eine der schönsten Krippensammlungen der Welt zu bewundern ist. Einen krassen Kontrast hierzu bildet der nahe gelegene moderne Münchener Flughafen, den Familien auf einer speziell für sie ausgearbeiteten, spannenden Tour besichtigen können. Der krönende Abschluss des Halbkreises ist die Therme Erding, die unsere stürmischen Wasserratten kaum mehr verlassen möchten. Alle Orte dieser Tour sind von München aus auch bequem mit der S-Bahn zu erreichen.

Bayerns Versaille: das Schloss Schleißheim

Zehn Touren, die allen Spaß machen

Künstler im Dachauer Moos

Unten in der Stadt wartet die **Dachauer Gemäldegalerie**. Dachau besaß zwischen 1870 und 1914 eine bedeutende Künstlerkolonie. Hunderte Maler, Zeichner und Bildhauer trafen sich hier, u.a. Christian Morgenstern, Carl Spitzweg, Eduard Schleich d.Ä., Adolf Hölzel, Ludwig Dill und Heinrich von Zügel.
In der Gemäldegalerie sind etwa 200 Bilder ausgestellt, darunter die „Ausruhenden Spaziergänger im Dachauer Hofgarten", ein Idyll von Carl Spitzweg (1808-1885).
Hallo, Künstlernachwuchs, entspricht das Motiv in etwa eurer Vorstellung? Konrad-Adenauer-Str. 3, 85221 Dachau, Tel. 08131-567 50, info@dachauer-galerien-museen.de, www.dachauer-galerien-museen.de, Di-Fr 11-17, Sa, So und Feiertage 13-17 Uhr, Erw. € 3,50, Schüler/Studenten € 2, Familien (2 Erw. u. Kinder) € 7].

Meisterwerk aus Holz und Götterfries

Schon von Weitem sichtbar, überragt der Schlossberg von **Dachau** das Häusermeer der Altstadt. Über die alte Schloßgasse erreicht man die mitten in der Stadt liegende ehemalige Sommerresidenz der Wittelsbacher, das **Schloss Dachau** [Schloßstr. 2, 85221 Dachau, Tel. 08131-45 43 36 60, info@bsv.bayern.de, sgvschleissheim@bsv.bayern.de, www.schloesser.bayern.de, Di-So April-Sep 9-18, Okt-März 10-16, Park 7 Uhr bis Einbruch der Dunkelheit, Erw. € 6, bis 18 J. frei]. Im Tanzsaaltrakt fällt der Blick sogleich auf die edle **Renaissance-Kassettendecke**: dunkelbraunes Holz, geschnitzte Gevierte, mittendrin der Reichsadler, ein wahres Meisterwerk, das 22 Tonnen wiegt. Umrahmt wird die Decke von einem **Götterfries** mit Darstellungen aus der griechisch-römischen Mythologie: Die antiken Gottheiten sollten Ruhm und Reichtum der Wittelsbacher symbolisieren. Ein kleiner Streifzug durch den **Hofgarten** bringt Ruhe und Erholung, seine Wiesen mit Obstbäumen stehen im Kontrast zur noblen Fassade des Schlosses. Anschließend Arm in Arm durch den barocken Linden-Laubengang wandeln und noch einen Blick werfen auf das tolle Panorama bis zu den Alpen. Der künstlerisch ambitionierte Nachwuchs sollte sich das Ambiente gut einprägen und in der Gemäldegalerie (s. Kasten) suchen, wie Carl Spitzweg diese Stimmung eingefangen hat.

Ein schrecklicher Abschnitt unserer Geschichte

Leider ist die schöne Stadt im Rest der Welt eher bekannt durch das hier von den Nazis errichtete Konzentrationslager, dem Ort der heutigen **KZ-Gedenkstätte Dachau** [Alte Römerstr. 75, 85221 Dachau, Tel. 08131-66 99 70, info@kz-gedenkstaette-dachau.de, www.kz-gedenkstaette-dachau.de, Di-So 9-17 Uhr, Eintritt frei]. Mehr als 206.000 Häftlinge aus 30 Nationen wurden registriert, eingeliefert zwischen 1933 und

1945, mehr als 40.000 starben hier, die Überlebenden wurden am 29. April 1945 von amerikanischen Soldaten befreit. Die Besichtigung kann sicherlich nicht unter locker-leichtes Urlaubsvergnügen eingeordnet werden, ist aber für historisch interessierte Familien unbedingt empfehlenswert. Sie dauert mindestens 2,5 Stunden, will man sich alles ganz genau anschauen, gern auch einen halben Tag. Wenn auch niemand wegen seines Alters abgewiesen wird, so sind einige Inhalte für Kinder unter zwölf Jahren nicht geeignet. Der gezeigte Dokumentarfilm hat die Altersfreigabe FSK 12.

Edler Barock, ganz ohne Stress

Weiter entlang dem Städtebogen Richtung Nordosten gelangt man nach **Oberschleißheim**. Hier liegen Historisches und Technik so nahe beieinander wie sonst nur selten. Die **Flugwerft Schleißheim** wird im Kapitel „Attraktionen" (S. 100) ausführlich beschrieben. Hier beschäftigen wir uns deshalb mit der, von Urlaubern oft links liegen gelassenen, **Schlossanlage Schleißheim** [Max-Emanuel-Platz 1, 85764 Oberschleißheim, Tel. 089-315 87 20, sgvschleis sheim@bsv.bayern.de, www.schloesser-schleissheim.de, Di-So April-Sep 9-18, Okt-März 10-16 Uhr, Erw. € 6, alle unter 18 J. frei]. Von der Schlossanlage gelangt man in zehn Minuten zu Fuß zur Flugwerft. „Bayerns Versailles" wird die große Schlossanlage Schleißheim (Altes und Neues Schloss sowie Schloss Lustheim) gern genannt. Allein ein Spaziergang durch den Park mit seinen Barockgärten bringt Erholung und bietet den Kleinen viel Platz zum Toben. Auch das Neue Schloss lädt ein zum gemütlichen Streifzug mit interessanten Einblicken.

Kurprinz Max Emanuel träumte als Kurfürst von Königswürden – vergebens

Zehn Touren, die allen Spaß machen

Im linken Flügel des Neuen Schlosses hängt ein Gemälde, das bei den jungen Besuchern bestimmt Neid erregt: Es zeigt den jungen **Kurprinzen Max Emanuel** zu Pferde. Die politischen Ambitionen des späteren Kurfürsten Max Emanuel (1662-1726) führten zum Bau des Neuen Schlosses, wollte er doch dort als König repräsentieren. Daraus wurde jedoch nichts, der Kurfürst hatte im Spanischen Erbfolgekrieg auf die falsche Seite gesetzt. Frankreich und das verbündete Bayern verloren die erste entscheidende Schlacht, Bayern wurde von Österreich besetzt. Trotzdem: Max Emanuel wurde im Großen Türkenkrieg nach der Erstürmung Belgrads (1688) als Türkenbezwinger bekannt. Sein Denkmal steht in München auf dem Promenadenplatz gegenüber dem berühmten Bayerischen Hof.

Einen Raum weiter sind die zwölf **Monatsbilder** sehenswert. Interessant ist vor allem, wie die verschiedenen Monate symbolisiert wurden: Der Februar zeigt einen wohlgenährten, dickbackigen Schlemmer, der Juni die Schafsschur (Schafskälte im Juni? Wie das?), der November reiche Jagdbeute, vorwiegend Niederwild (siehe Kasten). Reiche Ernte gab es auch auf dem gegenüberliegenden Bild „Der Fischzug Petri". Die Fischer am See Genezareth können heute von solch einer Beute nur träumen.

In den oberen Räumen des Schlosses staunen die Besucher über Pracht und Größe der **Großen Galerie**, 57 Meter lang, acht Meter hoch, die Wände mit wertvollem, rotem Damast bezogen, glitzernde Lüster hängen von der Decke, über ihnen – wie auch in anderen Räumen – Fresken im pompejischen Stil, auch Grotesken

> ### Schafskälte und Niederwild
> *Im Juni werden die Schafe geschoren, je nach Gebiet mal früher, mal später. Um den 11. Juni kommt nach den Eisheiligen häufig noch einmal ein Kälteeinbruch. Weil dann manche Schafe schon nackt waren und froren, nannte man diesen Temperatursturz einfach **Schafskälte**. Die Frage nach dem **Niederwild** hat nichts mit niedrigem Gebüsch zu tun, unter dem sich die Tiere verstecken. Der Name bezeichnet vielmehr Tiere, die vom „niederen Adel" geschossen werden durften: Hasen, Fasanen, Wildkaninchen, Rehe, Rebhühner, Graugänse, Stockenten. Dem Hochadel war dagegen das **Hochwild** vorbehalten. Dazu gehören Damwild, Mufflon, Wildschweine, Gamswild, Steinbock, Auerwild, Steinadler, Schwan und Uhu.*

genannt, weil manche Figuren zwischen Blumengirlanden verzerrt, eben grotesk, wiedergegeben sind. An Kunst interessierte Eltern finden in vielen Sälen eine wahrlich spektakuläre Auswahl europäischer Barockmalerei. Den Kindern zuliebe sollte der Besuch jedoch besser auf Bilder eines speziellen Themas beschränkt werden, sonst kommt schnell Langeweile auf. In der Schlossanlage Schleißheim werden übrigens spezielle **Kinderführungen** angeboten (€ 2 für Material) und auf der Internetseite gibt es als ideale Vor- bzw. Nachbereitung des

Besuchs Bastelbögen zum Ausdrucken, ein Memo-Spiel und Puzzles.

Freising: Königliche Krippe aus Neapel

Weiter im Norden, Richtung Flughafen, liegt die tausendjährige Stadt **Freising** [Touristinformation Freising, Marienplatz 7, 85354 Freising, Tel. 08161-541 22, touristinfo@freising.de, www.freising.de, Mo-Fr 9-18, Sa 9-13 Uhr]. Der erste Gang der Besucher gilt dem Domberg mit Mariendom, romanischer Krypta, Kreuzgang, Benediktuskirche, Barocksaal, Dombibliothek und **Diözesanmuseum**, dem zweitgrößten kirchlichen Museum der Welt [Domberg 21, 85354 Freising, Tel. 08161-487 90, info@dombergmuseum-freising.de, www.dombergmuseum-freising.de, Di-So 10-17 Uhr, Erw. € 4, Kinder bis 12 J. frei, Schüler, Studenten, Rentner € 2]. Das klingt trocken, doch keine Angst, Höhepunkt der Besichtigung ist eine der bedeutendsten Sammlungen von Weihnachtskrippen, darunter die Königliche Krippe aus Neapel (1761-87) mit 135 Figuren, 73 Tierdarstellungen und 350 genau nachgebildeten Kleingegenständen: in der linken Vitrine Rindvieh, in der Mitte die Bethlehem-Szene, die Menschen edel gekleidet, nebst Kamelen und einem mächtigen Elefanten. Die rechte Vitrine ist lebhaft gestaltet mit Obst-, Fisch- und Gemüsehändlern, Garküchen und einer Schänke mit Schinken an der Wand. Da können die Kleinen gucken und immer wieder etwas Neues entdecken.

Flugzeuge und Galaxy

Schnell ist von Freising aus Münchens **Flughafen** erreicht. Man bemüht sich hier auch redlich um die zukünftigen Fluggäste und bietet ein reichhaltiges, ausgesprochen unterhaltsames Programm für die ganze Familie (s. S. 102). In der Nachbarschaft liegt **Erding**. Außerhalb des Ortes befindet sich die einmalige Erdinger Therme, eine Freizeitattraktion, die unendlichen Badespaß garantiert und mit „Galaxy" aufwartet, einem einmaligen Hightech-Rutschenparadies für wilde Kerle und flotte Mädels (s. S. 101).

Uhu Bubo und eine Bärenfamilie

*Die putzige Bärenfamilie ist der Höhepunkt im **Wildpark Poing**. Doch auch Wolf und Luchs, Hirsch und Elch oder die Damhirsche mit dem schaufelförmigen Geweih sind einen Besuch wert. Treff ist die **Greifvogelschau** (April-Okt tägl. außer Fr 10.30 und 15 Uhr, 45 Min.). Da ziehen auch die Mutigen den Kopf ein, wenn der Weißkopfadler Sam und der Uhu Bubo knapp über die Frisuren streifen. Wildpark Poing, Osterfeldweg 20, 85586 Poing, Tel. 08121-806 17, info@wildpark-poing.de, www.wildpark-poing.de, April-Okt 9-17, Nov-März 11-16 Uhr, Erw. € 5,50, Kinder (6-13 J.) € 3,50. Anf.: A 94 Richtung Passau, Ausf. Parsdorf/Poing, in Poing ausgeschildert. Mit der S-Bahn S 2 Richtung Erding, Haltestelle Poing, von dort ca. 20 Minuten Fußmarsch.*

Tour 3: Vom Mittelalter zum Papst und zurück

Wasserburg am Inn • Mühldorf am Inn • Altötting • Marktl am Inn • Burghausen

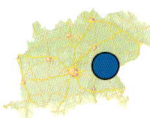

Wo: 50 km östlich von München, ab Wasserburg weiter östlich den Inn entlang bis zur Salzach – Wie: mit dem Auto, Wasserburg und Burghausen sind von München aus gut per Bahn erreichbar – Dauer: 2 bis 3 Tagestouren – Nicht vergessen: Kamera, Zeichenblock, Picknickkorb

Diese abwechslungsreiche Tour durch die Inn-Salzach-Region ist geprägt von romantischen Inn-Landschaften, die Städtchen bestechen durch den bemerkenswerten Inn-Salzach-Stil mit geschlossenen Marktstraßen, das Dach der Häuser meistens hinter der hochgezogenen Front versteckt. Immer wieder bietet sich die Gelegenheit zu einem entspannten Stadtbummel. Mit Altötting, Neuötting und Marktl wird tiefreligiöses Gebiet betreten, wo man noch heute Wallfahrern begegnet und Gläubigen, die ein Gelübde abgelegt haben und das Geburtshaus von Papst Benedikt XVI. sehen wollen. In Burghausen an der schönen Salzach schließlich, dem Ende der Tour, erreichen wir die Grenze zu Österreich. Über dem Fluss thront auf der deutschen Seite die längste Burg Europas.

Die Architektur Wasserburgs ist geprägt durch den Inn-Salzach-Stil

Kaffee, Eis und Picknickfutter

Der **Marienplatz** ist ein Eldorado für alle Feinschmecker: In der „Wasserburger Kaffeerösterei" (Nr. 11) kann man die besten Kaffeesorten aus aller Welt, frisch geröstet, kaufen und auch gleich vor Ort genießen. Das „Café Obermaier" in Nr. 21 bietet nicht nur verführerische Kuchen und Pralinen, sondern auch köstliches Eis aus eigener Produktion. In den „Wasserburger Markthallen" schließlich (bis ganz nach hinten gehen!) in Nr. 17 kann sich die Familie für das Picknick auf dem Skulpturenweg (s. S. 45) eindecken. Hier gibt es alle erdenklichen Spezereien, und das von höchster Qualität. Wer schon mal kosten will, bekommt ein Glas Wein ab € 1,50 oder eine ofenfrische Brezn für 30 Cent.

Mit dem Boot rund um Wasserburg

Vom Fluss liebevoll in den Arm genommen, wird **Wasserburg** die „Geliebte des Inn" genannt. Ihre bis ins Mittelalter zurückreichende Bausubstanz erinnert daran, dass diese Stadt älter ist als München, und man kann ihre romantische Altstadt von Süden kommend nur über eine Brücke erreichen [Gäste-Information, Rathaus, Marienplatz 2, 83512 Wasserburg am Inn, Tel. 08071-10 50, info@stadt.wasserburg.de, www.wasserburg.de]. Gleich ein Tipp für Autofahrer: Vor der roten Innbrücke rechts in der Kellerstraße den Parkplatz 3 nutzen, er ist kostenlos! Beim Eintritt in die Stadt durch das Brucktor kommt sofort die richtige Stimmung auf: Gehen Sie nach rechts über

Der eigentümliche Inn-Salzach-Stil

In allen Städtchen unserer Tour sind ganze Straßenzüge im **Inn-Salzach-Stil** zu bewundern: Die in kräftigen Pastellfarben gehaltenen Bürgerhäuser haben eine fast rechteckige Fassade, die oft durch über mehrere Stockwerke gehende Erker unterbrochen wird. Eigentümlich sind die Dachrinnen, die aus der Blendfassade herauskommen und an der Front nach unten führen. Das Geheimnis dieser Konstruktion ist nur von oben zu entschlüsseln, z.B. von der Burg in Burghausen aus: Hinter der Häuserfront verstecken sich die niedrigeren Satteldächer mit der Giebelseite zur Straße. Der Regen wird in Dachrinnen Richtung Front und dort in das von außen sichtbare Regenrohr geleitet. Dieser eigentümliche Baustil wurde im Inn-Salzach-Gebiet nach schlimmen Feuersbrünsten im 16. und 17. Jahrhundert eingeführt. Die hohen Fassaden bildeten einen Schutz gegen das Übergreifen des Feuers, gleichzeitig konnten die Leitern der Feuerwehr einfacher angelehnt werden.

den lang gezogenen Marienplatz, nach links durch den Rathausgang und im Viereck zurück über die Herrengasse, dann in die Schustergasse. In der Herrengasse Nr. 11 steht ein besonders schönes Beispiel für den **Inn-Salzach-Stil:** Das blaue Gebäude hat ganz oben ein rundes Fresko – die Madonna mit Kind als Beschützerin – und zwei flache Erker mit seitlichen kleinen Fensterchen, durch die die neugierigen Bewohner in alle Richtungen spionieren können.
Die Kinder haben nun wahrscheinlich schon genug vom Häusergucken. Aber für eine Bootsfahrt auf dem Inn werden sie ganz sicher zu begeistern sein. Umso besser für die Eltern, denn hierbei kommt die Schönheit Wasserburgs besonders gut zur Geltung. Hinter der roten Brücke neben dem Parkplatz liegt die Anlegestelle der **Inn-Schifffahrt** [Tel. 0175-412 82 79, April-Okt tägl. 14.45 u. 15.45 Uhr, besser vorher anrufen, Fahrtdauer 45 Min., Erw. € 10, Kinder (6-15 J.) € 5].
Ein anderer Genuss mit Spaßfaktor für Alt und Jung ist der Spaziergang auf dem Hochwasserdamm, der die Stadt vor Überflutung schützt. Vom Brucktor aus geht es 1,5 Kilometer entlang auf dem **Skulpturenweg**. Obwohl für quirlige Kinder viel Auslauf geboten ist, bleiben sie immer wieder an einem Kunstobjekt stehen. Die Nr. 12 ist eine Skulptur von Elisabeth von Samsonow mit dem Titel „Wer weiß, woher er kommt, wohin er geht?". Welches Familienmitglied findet die Lösung zuerst? Nach langer Betrachtung erst erkennt man auf der Skulptur den Inn in Mäandern, der Wasserburg umschlingt und in einem Baumgeäst und einer Frucht endet. Beim Picknickplatz (Zeit für die

Fantasievolle Skulptur auf dem Marktplatz von Burghausen

mitgebrachte Brotzeit!) amüsieren sich vor allem die Kinder über Kunstwerk Nr. 14, Andreas Fischers „Motor", einem Eisen-Wirrwarr, das aussieht wie ein rostiges Boot, das man nach langer Zeit aus dem Inn gezogen hat.

Ein 500 Meter langer Stadtplatz

Auf ländlichen Straßen, vorbei am abwechslungsreichen **Wildfreizeitpark Oberreith** (s. S. 99), geht es weiter den Inn entlang. Ein Stopp lohnt sich am 500 Meter langen Stadtplatz von **Mühldorf am Inn** [Verkehrs- und Kulturbüro, Stadtplatz 36, 84453 Mühldorf am Inn, Tel. 08631-61 22 26, info@muehldorf.de, www.muehldorf.de]. Hier findet man die reinste Form des Baustils, der das Inn-Salzach-Gebiet architektonisch so interessant macht (siehe Kasten S. 44). Wer es zeitlich einrichten kann, sollte den Platz beim Wochenmarkt (Do 8-12), Bauernmarkt (Fr 8-12 Uhr) oder Altstadtfest (letzte Juni-/erste Juliwoche) erleben.

Zur Wallfahrt nach Altötting

Wallfahrtsorte haben ihre eigenen Gesetze, ausgelassenes Kinderspiel und Lärm werden hier nicht gern gesehen. Eltern sollten das mit ihren Kindern besprechen, bevor sie sich zu einer Besichtigung aufmachen. Werden die allgemeinen Verhaltensregeln berücksichtigt, kann jedoch selbst für die Jüngsten ein solcher Ort zum Erlebnis werden.
Nur zwölf Kilometer sind es von Mühldorf in die fromme Stadt **Altötting** [Wallfahrts- und Verkehrsbüro, Kapellplatz 2a, 84503 Altötting, Tel. 08671-50 62 19, info@altoetting-touristinfo.de, www.altoetting.de]. Um zu verstehen, warum Pilger aus aller Welt den Marienwallfahrtsort besuchen, muss man die Legende kennen: Im Jahr 1489 stürzte ein Knabe von drei Jahren in den Mörnbach bei Altötting, die Strömung riss ihn fort und als er endlich geborgen wurde, hielt man ihn für ertrunken. Die verzweifelte Mutter legte den leblosen Körper auf den Altar der Marienkapelle und betete zusammen mit anderen Gläubigen. Bald darauf kam der Junge wieder zu sich – ein Wunder war geschehen!
Das erste Ziel eines Familienrundgangs durch Altötting ist die mitten in der Stadt gelegene **Gnadenkapelle** [Kapellplatz, tägl. 6.30-20.30 Uhr]. Hier steht die frühgotische Statue einer Muttergottes mit Kind, aus Lindenholz geschnitzt, heute vom Ruß der Kerzen geschwärzt und deshalb auch „Schwarze Madonna" genannt. Sie ist das eigentliche Ziel der Wallfahrer. Im Kapellenumgang stehen Holzkreuze bereit, Gläubige gehen mit ihnen mehrere Runden, manche auf Knien, und beten. Es scheint, dass viele der Gebete erhört wurden, denn der ganze Umgang, sogar die Decke und der Innenraum sind mit

Kunstvolle plastische Szenen in der Altöttinger Dioramenschau

mehr als 2.000 Votivtafeln behängt: als Dank für die vielfältigen Wunder. Ebenfalls am Kapellplatz liegt das Altöttinger **Marienwerk**. Heiter und mit Bewunderung betrachten Kinder und Eltern hier die mit kunstvollen Szenen bestückte Dioramenschau [Kapellplatz 18, 84503 Altötting, Tel. 08671-68 27, Mo-Do 8-12 u. 13-17, Fr 8-14, Sa/So u. Feiertage 9.30-14 Uhr, Erw. € 2, Kinder (6-12 J.) € 1]. Weit übersichtlicher, aber ebenso voller liebenswürdiger Details ist die **Mechanische Krippe** [Kreszentiaheimstr. 18, 84503 Altötting, Tel. 08671-66 53, März-Dez tägl. 9-17 Uhr, Jan und Feb auf Anfrage, Erw. € 2, Kinder (6-18 J.) € 0,50]. Das allgemeine „Ah!" und „Oh!" verstummt, wenn der Sprecher beginnt, über das Leben in Jerusalem zur Zeit von Christi Geburt zu erzählen. 130 handgeschnitzte Menschen und Tiere bewegen sich dazu: Ein Segelschiff fährt über den See Genezareth, ein Esel wird beschlagen, ein Hund wedelt mit dem Schwanz, Sklaven ziehen den Pflug, das Kind in der Wiege wird geschaukelt, Ochs und Esel nicken mit dem Kopf. Schaut genau hin, es gibt 100 Dinge zu entdecken!
Und noch einmal darf man sich wundern: Diesmal, wenn der Geschichte vom Leidensweg Christi lauscht, beim Besuch des **Jerusalem Panorama Kreuzigung Christi** [Gebhard-Fugel-Weg 10, 84503 Altötting, Tel. 08671-69 34, info@panorama-altoetting.de, www.panorama-altoetting.de, März-Okt tägl. 9-17, Nov-Feb Sa/So 11-14 Uhr, Erw. € 4, Kinder (12-18 J.) € 1, Familienticket (Eltern u. Kinder bis 12 J.) € 6, Dauer 25 Min.]. In Deutschlands einzigem Großraum-Panorama werden die Zuschauer rundherum geführt und erleben auf einem

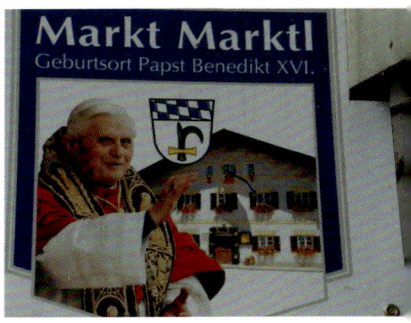

Marktl am Inn:
Wir sind schweigender Papst!

„Rundblickgemälde", an sieben Stationen über Lautsprecher sehr getragen und sehr ausführlich erzählt, die Geschichte der Kreuzigung.

Zum Geburtsort des Papstes

Etwa 20 Kilometer nordöstlich von Altötting liegt der kleine Flecken **Marktl am Inn.** Seit der letzten Papstwahl wird der Ort von Zeit zu Zeit aus seinem Dornröschenschlaf gerissen, denn hier wurde am 16. April 1927 Papst Benedikt XVI. geboren. Direkt am kleinen Marktplatz liegt das für die Öffentlichkeit zugängliche **Geburtshaus des Heiligen Vaters** [Marktplatz 11, 84533 Marktl am Inn, Tel. 08678-74 76 80, papstgeburtshaus@bistum-passau.de, papsthaus.eu, Ostermo-Allerheiligen Di-Fr 10-12 u. 14-18, Sa/So u. Feiertage 10-18 Uhr, Erw. € 3,50, Schüler ab 12 J., Studenten u. Senioren € 2,50, Kinder bis 12 J. frei, Familienticket (Eltern und eigene Kinder) € 7]. Beim Rundgang wird alles Wissenswerte über Lebensstationen und das theologische Wirken des Papstes vermittelt, für Kinder gibt es sogar einen Kinderführer.

Eine unberührte mittelalterliche Altstadt

Die nächste Stadt auf unserer Route, das malerische **Burghausen** [Burghauser Touristik GmbH, Stadtplatz 112, 84489 Burghausen, Tel. 086 77 88 71 40, touristinfo@burghausen.de, www.tourismus.burghausen.de], ist wieder sehr westlich und führt die Reisegesellschaft mit der längsten Burganlage Europas zurück ins Mittelalter. Schon aus der Ferne ist die 1.051 Meter lange Trutzfeste zu sehen. Doch bevor die Erstürmung der Burg unternommen wird, sollte man sich in die **Unterstadt** begeben und den Stadtplatz mit seinen farbenfrohen Bürgerhäusern, prächtigen Kirchen und dem Rathaus zu einer kurzen Rast nutzen. Doch die Kinder mahnen schon bald zum Aufbruch, die **Burganlage** hoch oben lockt. Sie kann jederzeit besucht werden, der Eintritt ist frei. Die Familie sollte einen festen Treffpunkt ausmachen, am besten am Curaplatz (gleichzeitig Parkplatz), denn in den fünf Höfen, den vielen Toren, Mauerdurchbrüchen und Kapellen sind die jungen Stürmer nicht zu halten. Es sei denn, die Familie bucht eine Führung, bei der auch für die Jugend viel Interessantes geboten wird [April-Okt, Sa/So u. Feiertage 11 u. 14 Uhr, Erw. € 4, bis 16 J. frei, Treff am Curaplatz, Dauer 90 Min.]. Die riesige Burganlage birgt viele Geheimnisse und Geheimtipps. So hat man z.B. vom zweiten Hof aus den besten Blick auf die Stadt und kann das Prinzip der hinter Blendfassaden versteckten Dächer studieren (s. Kasten S. 44). Im Turm des „obersten Stuhlknappen", der in diesem Hof steht, wurden jenen die Ohren abgeschnitten, die ihn ohne Erlaubnis betraten. Und bei der Uhr am Brunnenhaus im sechsten Hof weisen die großen Zeiger auf die vollen Stunden, weil die Bediensteten so auch aus der Ferne leichter erkennen konnten, wann Feierabend war. Schließlich sollte man im dritten Hof beim Büchsenmeister-Turm den Fußweg zum Badeplatz am Wöhrsee nicht übersehen. Hier können sich erhitzte Ritter und Burgfräuleins bei einem kühlen Bade erfrischen.

> ### Erlebnisdorf Bayern
> *Hier geht es stimmungsvoll zu, Musik steigert die Kauflust, das Angebot geht von Trachtenkleidung und Lederbundhose bis Jeans, bedient wird man von feschen Dirndln. Kinderjubel im Erlebnispark, mit Riesenrutschen, Megarutschbahn und Baumhaus.* **Winklbauer**, *Waldstr. 18, 84529 Asten, Tel. 086-83 89 110, www.winklbauer.de, Mo-Fr 14-18, Do 14-19.30, Sa 9-16 Uhr.* **Anfahrt:** *von Burghausen auf die B20, Abfahrt Asten.*

Spaß für alle: der rostige „Motor" auf dem Skulpturenweg

Zehn Touren, die allen Spaß machen | 49

Tour 4: Berchtesgadener Land: weißes Gold und grünes Juwel

Gletschergarten • Weißbach • Berchtesgaden • Jennerbahn • Königssee

Wo: Südostecke Oberbayerns, österreichische Grenze – Wie: mit dem Auto, dem Schiff und zwischendurch zu Fuß; Berchtesgaden ist von München aus mit Umstieg in Freilassing mit der Bahn erreichbar – Dauer: ein oder zwei Tagesausflüge – Nicht vergessen: Wanderschuhe, Windjacke, Rucksack, Badezeug, Kamera, Fernglas

Das Berchtesgadener Land erstreckt sich südlich vom Waginger See über den Rupertiwinkel mit dem Städtchen Freilassing (Lokwelt, s. S. 98), berührt die Deutsche Alpenstraße bei Weißbach mit dem sehenswerten Gletschergarten, geht weiter über Bad Reichenhall mit seiner Salzsiederei, Bischofswiesen mit dem Naturbad Aschauerweiher (s. S. 19) und die Salzstadt Berchtesgaden bis zum Königssee und hoch zum Watzmann [Tourismusregion Berchtesgaden-Königssee für Berchtesgaden, Bischofswiesen, Marktschellenberg, Ramsau und Schönau am Königssee, Königsseer Str. 2, 83471 Berchtesgaden, Tel. 08652-96 70, info@berchtesgadener-land.info, www.berchtesgadener-land.info].

Die harte Arbeit der Gletscher

Von Ruhpolding kommend werden die Ausflügler auf der **Deutschen Alpenstraße** kurz vor **Weißbach** so richtig auf

Entstehung der Gletscherwunder

Die Gletscherschliffe entstehen beim Wandern des Eises am Fels entlang durch das im Gletscher enthaltene Schuttmaterial. Findlinge werden auf dem Rücken des Gletschers weit weg getragen und bei der Eisschmelze oft mehrere Hundert Kilometer vom Ursprung entfernt abgesetzt. Die Töpfe oder Gletschermühlen entstehen so: Wenn im Sommer die Oberfläche des Eises taut, strömt das Schmelzwasser in die Spalten, bei runden Öffnungen wirbelt es im Kreis und kann bis an den Boden reichen. Gerät ein Stein in den Strudel, verstärkt sich die Bewegung und er bohrt sich tief in den Felsen hinein. Dadurch entstehen in manchen Fällen über zehn Meter hohe Grotten im senkrechten oder flach liegenden Fels.

die Landschaft des Berchtesgadener Landes eingestimmt. Einmal mit dem **Gletschergarten**, zum anderen mit dem dort vorbeiführenden Soleleitungsweg, der ältesten Pipeline der Welt. Das geologische Schaustück zeigt sehr eindrucksvoll Gletscherschliffe, Riesentöpfe (auch

Auf glatten Holzrinnen saust die Familie tief hinab in die Welt der Salzkristalle

im Jahr 1193 begann (im heutigen Bergwerk seit 1817). Bald wird klar, dass hier nicht nur ein monumentales Museum erbaut wurde, sondern bis heute in 17 Stollen auf fünf Abbauebenen bis in 300 Metern Tiefe Salz, das „weiße Gold", ausgespült wird.

Nun wird es bequem für die Bergwerksbesucher, aber auch aufregend: Auf zwei Rutschen (34 und 40 m) dürfen sie familienweise auf aalglatten Holzrinnen in die Tiefe sausen. Da wird manchem

Gletschermühlen genannt) und Findlinge. Die Soleleitung wiederum beförderte in Wasser gelöstes Salz vom Salzbergwerk in Berchtesgaden bis zur Salzsiederei nach Bad Reichenhall.

Mit der Grubenbahn in die Finsternis

Mehr über die neue Leitung und den Abbau von Steinsalz erfährt man auf spannende Weise bei der **Salzzeitreise** im **Salzbergwerk Berchtesgaden** [Bergwerkstr. 83, 83471 Berchtesgaden, Tel. 08652-600 20, info@salzzeitreise.de, www.salzzeitreise.de, Mai-Okt tägl. 9-17, Nov-April 11-15 Uhr, mit Umkleiden 1,5-2 Std., Erw. € 14,90, Kinder (4-16 J.) € 9,50, Familienticket (2 Erw. u. 1 Kind) € 37, bei mehreren Kindern € 41]. Jeder bekommt einen Overall, der die Kleidung schützt und wärmt, denn „unter Tage" hat es nur 12 °C. Dann rauscht die Grubenbahn in die Dunkelheit. Nach 1,4 Kilometern wird man in die Geheimnisse des Bergbaus eingeweiht, der in Berchtesgaden bereits

Geduldige Lamas am Halfter

*Ihre Kinder werden Sie lieben, wenn Sie ihnen ermöglichen, mit flauschigen Lamas durch die Natur zu ziehen! Die Tiere sind in ihrer feinfühligen Art sofort bereit, auch mit kleinen Begleitern in freundlichen Kontakt zu treten. Zuerst lernen die Kinder die Lamas auf der Weide kennen, dann machen sie bei der Weidearbeit mit, schließlich werden die Tiere eingefangen und gehalftert, das Gepäck festgezurrt und los geht es. Auch schüchterne Kinder fassen schnell Mut, das Tier zu führen und zu streicheln. Geritten werden die Lamas nicht. Termin vereinbaren bei **Lamawandern Maria Gern**, Klaus Finkenzeller, Untersbergweg 7, 83471 Berchtesgaden, Tel. 08652-978 89 22, lamawandern@gerer-lamas.de, www.lamawandern.de, je Familie € 50, jede weitere Std. € 25.*

eher zurückhaltenden Typ schon beim Zuschauen flau in der Magengrube. Die Vorsichtigen gelangen auch über die Treppe in die nächste Etage. Am Ende der Besichtigung steht aber noch ein Ereignis, das keinen unbewegt lässt: Zusammen begeben sich alle auf ein großes Floß, in der Dunkelheit schimmert ein großer Spiegelsee, langsam gleitet die Barke über das Wasser, bewegende Musik lässt die Körper vibrieren, aus der Tiefe der Dunkelheit tauchen Kristalle auf, huschen über die Decke, fallen ins Wasser, flippern an der Oberfläche des Sees entlang und steigen an den Wänden wieder hoch. Die Lichtinstallation verzaubert Kinder und Erwachsene gleichermaßen. Atemlos und still erreicht die Gruppe am Ende das Ufer und steigt hinauf ans Licht.

Geführt das Land erleben – und alles kostenlos

Sehr fantasievoll ist in **Berchtesgaden** auch das übrige Programm für Kinder und Familien. Im Folgenden werden aus dem großen Angebot zwei Touren vorgestellt, die den Großen wie den Kleinen gleichermaßen Spaß bereiten – und die noch dazu kostenfrei sind. Genaue Beschreibungen gibt es bei der **Tourist-Information** im Kur- & Kongresshaus Berchtesgaden [Maximilianstr. 9, 83471 Berchtesgaden, Tel. 08652-944 53 00, info.kurhaus@berchtesgaden.de, www.berchtesgaden.de].
Mit Esel und Ziegen geht es bei der leichten Wanderung „**Tiererlebnis**" ins Klausbachtal, dabei wird viel über Haustiere und die Wildtiere im Nationalpark erzählt [Anf. Juli-Anf. Sep jeden 2. Mo, Treffpunkt um 9.30 an der Nationalpark-Infostelle Hintersee, westlich von Ramsau am Beginn des Hirschbichltales, Tel. 08657-14 13, Rückkehr 13 Uhr].
Die Haflinger Lisi und Bea tragen das Gepäck bei der Tour „**Mit den Haflingern unterwegs**". Die Wanderer sollten festes Schuhwerk tragen, am Ziel gibt es die Möglichkeit für eine Einkehr und Erweiterung der Tour [Anf. Juli-Ende Aug jeden 2. Mo, Treffpunkt um 9.30 an der Nationalpark-Infostelle Wimbachbrücke, Wimbachweg 2, am Parkplatz, kein Tel., Rückkehr 12.30 Uhr].

Der Königsblick vom Jennerberg

Mitten im **Nationalpark Berchtesgaden** steht der **Watzmann**, mit 2.713 Metern der zweithöchste Gipfel Deutschlands. Den schönsten Blick auf seine steil abfallende Ostflanke genießt man vom **Jennergipfel** (1.864 Meter), gleichzeitig einen grandiosen Überblick über den Königssee. Für diesen Genuss muss man in **Schönau am Königssee** die **Jennerbahn** besteigen [Tourist-Information, Rathausplatz 1, 83471 Schönau am Königssee, Tel. 08652-17 60, tourismus@koenigssee.com, www.koenigssee.com; Berchtesgadener Bergbahn AG, Jennerbahnstr. 18, 83471 Schönau am Königssee, Tel. 086-529 58 10, info@jennerbahn.de, www.jennerbahn.de, tägl. 9-16 Uhr, Fahrpreis hin u. zurück: Erw. € 28, Kinder (6-17 J.) € 11,30, Familienticket (Eltern u. 1 Kind) € 49,10, mit 2 Kindern € 56,50, weitere Kinder der Familie fahren frei, großer Parkplatz]. Um den Blick auf Watzmann und Königssee zu erleben, sind noch 15 Minuten Steilweg auf die Spitze zu bewältigen, geübte Kinder im Schulalter schaffen das locker. Hinterher ist sicher ein Imbiss in Deutschlands höchstgelegenem „Marktrestaurant" fällig. Hier gibt es Selbstbedienung an verschiedenen Marktständen, Kinder können auch in der Kinderspielhütte speisen.

Königssee-Rundfahrt: romantisch und gemütlich

Wieder runter mit der Zweierkabine vom Jennerberg und ab zum Parkplatz. Von dort ist es nur etwa ein Kilometer bis zum Boot an der Königssee-Seelände [Schifffahrt Königssee, Seestr. 55, 83471 Schönau am Königssee, Tel. 08652-963 60, zentrale@seenschifffahrt.de, www.seenschifffahrt.de, tägl. ab 8, im Winter ab 9.30, ca. jede halbe Stunde, letzte Abf. 17.15 Uhr, Fahrpreise: bis St. Bartholomä und zurück Erw. € 12,80, Kinder (6-17 J.) € 6,40, bis Salet-Obersee hin und zurück € 15,80/7,90, Kinder bis 5 J. frei, Familienticket (2 Eltern/Großeltern u. bis zu 3 Kinder/Enkelkinder St. Bartholomä € 32,50, Salet-Obersee € 39,50, Dauer der einfachen Tour bis St. Bartholomä 35 Min., bis Salet-Obersee 55 Min., zwischendurch aussteigen möglich]. Die Tour auf dem **Königssee** ist gemütlich. Schon 1909 haben die Schiffer und Fischer an die Umwelt gedacht und Elektroboote eingeführt. So strahlt der saubere See kristallklar und smaragdgrün. Am Malerwinkel auf der linken Seite sind Badestege zu sehen. Wasserratten können hier ins feuchte Nass hüpfen, wenn sie die 17 °C Wassertemperatur nicht schreckt. In der Mitte des Sees wird es lauter, über den Lautsprecher des Bootes ertönt eine Trompetenmelodie, die als mehrfaches Echo zurückschallt. Dann kommt das Wahr-

Mit Elektrobooten leise und umweltschonend über den Königssee

Latschenbüschel, Buttermilch und Almabtrieb

Auch an der letzten Station der Königssee-Rundfahrt, Salet-Obersee, empfiehlt sich eine Unterbrechung. Der Weg zum kleinen Obersee, der auch für Buggys bestens geeignet ist, dauert 20 Minuten. Unterwegs gibt es Selbstbedienung in der **Saletalm** mit Biergarten. Wer am Obersee weiterwandern will (dann aber lieber ohne Kinderwagen), erreicht nach 45 Minuten über Stock und Stein und Stufen mit Metallseilen die **Fischunkelalm**. Hier werden neben einem tollen Blick auch aus frischer Almmilch zubereitete Milchprodukte geboten: Käse, Frisch- und Buttermilch. Das schmeckt!

Die Kühe beider oben genannter Almen werden im Herbst in einer feierlichen Prozession beim für das Berchtesgadener Land üblichen **Almabtrieb** nach Schönau gebracht („Da Summa is umma"). Weil es dafür keine andere Verbindung gibt, geschieht dies mit speziellen Booten. Schon ab Bartholomä (24. August) bereiten sich Senner und Sennerinnen auf den Abtrieb vor, fertigen „Fuikln", Kopfschmuck aus einer Tannenspitze und vier Kränzen, für die Kühe, Latschenbüschel für die Kälber. Dann geht es mit Glockengeläut auf den Kahn, drüben mit viel Geschrei wieder hinaus ans Ufer. An der Seelände beginnt schon um 9 Uhr die festliche Erwartung, Bauern und Handwerker bieten an Ständen ihre regionalen Produkte an. Der Abtrieb geschieht je nach Witterung zwischen Ende September und Anfang Oktober. Genaue Informationen erhält man über das Touristenamt (siehe S. 52).

Die Sage vom schrecklichen König Waze

Vom Norden gesehen, entdeckt man schön nebeneinander aufgereiht die Waze-Familie: links die Watzmannfrau, rechts davon die Kinder, dann der Große Watzmann mit seinen Hauptgipfeln. Das waren einmal der König Waze und seine Familie, die im Land Furcht und Schrecken verbreiteten, die Bauern ausbeuteten und sie schikanierten. Rücksichtslos zerstampfte Waze in einem seiner typischen Wutanfälle eine Bauernfamilie. Noch vor ihrem Tod verfluchte die Bäuerin den Übeltäter, Gott solle ihn in Stein verwandeln. Die Erde klaffte weit auf, spuckte glühende Lava und die Wazes erstarrten zu Stein. Man erzählt sich, dass Königs- und Obersee aus dem Blut der unmöglichen Sippe entstanden seien. Das muss lange her sein, denn heute sind beide Seen klar und smaragdgrün.

---

zeichen des Königssees schnell näher, die **Wallfahrtskirche St. Bartholomä** mit ihren zwei Zwiebeltürmen und den frisch gestrichenen roten Kuppeldächern. Aussteigen lohnt sich, entlang des Ufers sind gemütliche Rastplätze zu finden, am Ende des Wegs ein großer Kiesstrand für ein weiteres Bad oder ein ausgedehntes Familien-Picknick. Oder man bleibt zum Essen im früheren Jagdschlösschen neben der Kirche.

Tour 5: Vom Chiemsee auf die grüne Alm

Chiemsee • Herrenchiemsee • Frauenchiemsee • Aschau/Kampenwand • Reit im Winkl • Ruhpolding-Rauschberg

Wo: Chiemsee und südlicher Chiemgau bis Ruhpolding – Wie: mit dem Auto – Dauer: 2-3 Tage, auch in mehrere kleinere Touren aufteilbar – Nicht vergessen: Kamera, Badezeug, feste Schuhe, Sonnenschutz, Windjacke

Wer Bayerns größten See zum ersten Mal besucht, möchte sofort rauf aufs Schiff, sich den Wind um die Nase wehen lassen und die weltberühmten Inseln Herrenchiemsee und Frauenchiemsee besuchen, endlich die königliche Spiegelgalerie bestaunen, auf der Nonneninsel die dort noch bestehenden dörflichen Idyllen genießen. Zurück an Land kann man das Erlebnisbad Prienavera (s. S. 27) oder eines der vielen Strandbäder rund um den See besuchen. Doch auch im südlichen Chiemgau gibt es viel zu entdecken: So kann man u.a. mit der Seilbahn auf die Kampenwand bei Aschau oder den Rauschberg bei Ruhpolding fahren und oben wandern, viel Gaudi erleben in Märchenparks oder im Mammut-Museum von Siegsdorf (s. S. 96) den Urviechern auf den Pelz rücken [Chiemsee-Alpenland Tourismus, Chiemsee-Infocenter, Felden 10, 83233 Bernau am Chiemsee, Tel. 08051-96 55 50, info@chiemsee.de, www.chiemgau.de].

Vom Fledermaus-Park zum Königsschloss

Fahrkarten zur Herreninsel gibt es auch auf dem Schiff, es ist also unnötig, am Ticketschalter in **Prien** zu drängeln, besser man begibt sich gleich zum Anlegesteg der Chiemsee-Schifffahrt [Chiemsee-Schifffahrt Ludwig Feßler, Seestr. 108, 83209 Prien am Chiemsee, Tel. 08051-60 90, info@chiemsee-schifffahrt.de, www.chiemsee-schifffahrt.de]. Ein lautes Tuuut, fast geräuschlos bewegt sich der Kahn, umkreist von kreischenden Möwen, die Futter verlangen. **Herrenchiemsee** rückt schnell näher, nach weniger als einer Viertelstunde hat man sein Ziel erreicht [tägl. ab 7.30 Uhr, Fahrt ab Prien zur Herren- und Fraueninsel, hin und zurück € 7,80, Kinder (6-15 J.) € 3,90, bis 6 J. frei, Familienkarte (2 Eltern/Großeltern, beliebig viele eigene Kinder/Enkel) € 21,50, Hunde zum Kinderfahrpreis]. Kaum hat man das Boot verlassen, bieten sich Pferdekutschen an, die Gäste durch den Park zum Schloss zu fahren [einf. Erw. € 3, Kinder (6-17 J.) € 1]. Informativer bleibt der Fußweg (15 Min.), weil unterwegs von Schautafeln viel zu lernen ist. Beispielsweise, dass unter dem Dach des Schlosses und in hohlen Bäumen 15 von den 23 in Bayern vertretenen Fledermausarten leben. Auf dem weiten, ursprünglichen Parkgelände gibt es ausschließlich Laubbäu-

Rast am See, mittendrin ein Fels mit Schlangen, Engeln und Pegasus

me. Umgefallene Bäume bleiben liegen wie in der Natur draußen. Im Geäst flötet der Pirol, und wenn es am Stamm hämmert, kann es ein Bunt-, Grün-, Grau- oder Kleinspecht sein.

Dann begegnet dem Besucher die ganze Pracht des Schlosses: Wasserfontänen (1.5.-3.10.) und Blumenbeete schmücken den Garten, am Hauptbrunnen rekeln sich 30 bronzene Schildkröten und Leguane in der unteren Etage. Bei der Ticket-Ausgabe auf die Zeit für den Einlass achten [Altes Schloss 3, 83209 Herrenchiemsee, Tel. 08051-688 70, sgvherrenchiemsee@bsv.bayern.de, www.herrenchiemsee.de, tägl., April-Mitte Okt 9-18, Mitte Okt-März 9.40-16.15, Eintritt inkl. Museen: € 7, bis zum vollendeten 18. J. frei, Schüler über 18 J., Studenten und Senioren über 65 J. € 6, letztes Schiff nach Prien Sommer/Winter 19.10/18.10 Uhr, Besuch nur mit Führung, etwa 35 Min.].

Versailles war das Vorbild für das **Königsschloss** auf der Insel Herrenchiemsee. König Ludwig II. hatte es in Auftrag gegeben. Als er starb (1886), war es noch nicht ganz fertig, der Bau wurde nie vollendet. Über das Prunktreppenhaus geht es ins Paradeschlafzimmer, völlig überladen mit goldener Pracht, hier gab der „Kini" nur kurze Zeit Audienzen vom Bett aus – ein Detail, das Ihre Kinder sicherlich begeistern wird. Von hier aus zieht es die jungen Besucher magisch zur **Großen Spiegelgalerie.** Wieder viel Gold, hier ist es aber leichter zu ertragen durch die reflektierenden Spiegel. In dem 98 Meter langen Raum residierte der König im September 1885 inmitten von 35 Kronleuchtern, 52 Kandelabern und 2.200 Kerzen. Wer in diesem Saal eines der regelmäßig stattfindenden Sommerkonzerte erleben darf, fühlt sich wie in einem Märchen.

In den anderen Räumen gibt es dann

noch ein paar besonders für Kinder spannende Besonderheiten, so das „Tischlein-deck-dich", ähnlich dem im Schloss Linderhof (Tour 7, S. 67), und die Badewanne mit Platz für 60.000 Liter Wasser! Außerhalb, im **Augustiner-Chorherrenstift**, wird neuere Geschichte dokumentiert: Hier tagten deutsche Politiker zur Vorbereitung des Grundgesetzes der Bundesrepublik Deutschland von 1948. Fotos und Zeitzeugenberichte veranschaulichen das Geschehen auf der „Verfassungsinsel", ein Kindergästebuch hilft auch den jungen Besuchern, die Bedeutsamkeit der Tagung zu verstehen.

In dieser prunkvollen Galerie wandelte einst der „Kini" Ludwig II.

Gemütlichkeit bei den Frauen

Nach so viel Glanz und Gloria bei den „Herren" und nur zehn Minuten Überfahrt bietet das autofreie **Frauenchiemsee** Erholung und Muße [kein Eintritt, letzte Rückfahrt nach Prien 18 Uhr]. Etwas mehr allerdings in der Nebensaison, im Sommer ist das kleine Fischerdorf schnell überlaufen. Ein Blick in die ehemalige **Abteikirche** gehört zum Pflichtprogramm. Hier kann man einige romanische Fresken, Christus und Maria, ein paar Engel, trinkende Reiherpaare und Taubenpärchen mit Bäumen entdecken. Das romanische Rundbogenportal gibt einige Rätsel auf, die Fantasie ist gefragt: Als Konsole glotzen Fabelwesen die Kirchgänger an, links ein Tier mit offenem Maul und heraushängender Zunge, rechts ein Mensch mit Schnurrbart in gleicher Pose.

Wer etwas Bewegung braucht, kann das Inselchen in 20 Minuten umrunden, um dann in einem der kleinen Wirtshäuser zwischen Gärten mit Blumen und Kräutern einzukehren. Spezialität sind hier preisgünstige Räucherfische (Renke, Karpfen, Forelle), auch zum Mitnehmen.

Kampenwand: Familienwanderung zur Alm

Nur sechs Kilometer sind es vom südlichen Chiemsee bis **Aschau** bzw. bis zur Talstation der **Kampenwand** [Kampenwandseilbahn GmbH, An der Bergbahn 8, 83229 Aschau im Chiemgau, automatisches Infotel. 08052-906 44 20, Tel. 08052-44 11, info@kampenwand.de, www.kampenwand.de, Berg- und Talfahrt Nebensaison Erw. € 15,50, Kinder (5-15 J.) € 8, in der Hauptsaison € 18/9]. 15 Minu-

Zehn Touren, die allen Spaß machen

> ### Achtung Piraten!
> *Ein besonderes Angebot für Kinder zwischen 5 und 13: Sie werden nach der Schiffsfahrt auf die Herreninsel mit bemaltem Gesicht und Piratenkappe per Pferdekutsche zum Schloss gefahren, wo sie den versteckten Schatz des Piratenkapitäns „Fischunkel" finden müssen. Bei einer gespenstischen Führung durch Ludwigs Gemächer gibt es tückische Fallen, Aufgaben rund um die Legende des Seeungeheuers „Batus". Als einzige Hilfe dient eine Schatzkarte. Also, los mit Gebrüll! Anmeldung unbedingt erforderlich:*
> **Bayerische Piratenfahrt Chiemsee**, *Annette & Robert Jacobs, Empfing 6, 83278 Traunstein, Tel. 0861-166 16 72, info@chiemseepiraten.de, www.chiemseepiraten.de, Abf. tägl. vorm. oder nachm. April-Nov, Dauer ca. 3,5 Std., € 19,50/Pirat.*

eine Wanderung begeben. Die Streckenvorschläge liegen zwischen 30 Minuten und vier Stunden. Mit Vorschulkindern bietet sich der **Panoramaweg** zur Steinlingalm an, eine gute halbe Stunde und auch im Winter möglich. Der Weg kann zum größten Teil mit dem Buggy begangen werden und nach einer Milchpause auf der Alm (s. Kasten) ist immer noch eine Verlängerung der Tour hoch zum Ostgipfel der Kampenwand (1.669 Meter) möglich (rauf und runter eine Std.). Zuerst steigt der Panoramaweg

> ### Höhenluft macht hungrig
> *Auf dem Berg muss immer mit Höhenzuschlag gerechnet werden, trotzdem sind die Preise auf der* **Steinlingalm** *noch moderat: Leberkäs mit Ei und Brot oder Bayerischer Wurstsalat mit Brot jeweils € 5,50, Kaasplatte € 8, Haferl Kaffee € 3.*
> *In der* **SonnenAlm** *an der Bergstation (mit einfachen Zimmern) kostet der Wurstsalat schon € 7,40, der Kaiserschmarrn mit Früchten und Eis € 8,90, hausgemachte Käsespätzle mit Tomatensalat € 9,60, ofenfrischer Apfelstrudel mit Eis und Sahne € 4,90. Speziell für Kinder: „Marienkäfer" (Chicken Wings mit Pommes) € 6,80, „Mickey Mouse" (kleiner Pfannkuchen mit Kirschen u. Eis) € 5,90, die Elefantenlimo (0,17 l) € 1,50, kleiner Eisbecher (2 Kugeln mit Erdbeersoße u. Smarties) € 2,60.*

ten lang genießen alle von der Seilbahn aus den Blick über das Priental und den Chiemsee. „Dort unten sind wir zum Königsschloss gefahren!" Ob die Kinder sich noch erinnern, welche Seeungeheuer außer Schildkröten im Brunnen waren?

Oben angekommen, leuchten die Gipfel der Zentralalpen mit den Hohen Tauern bis rüber zu den Berchtesgadener Alpen, dem Ziel von Tour 4 (s. S. 49). Die aktive Familie kann sich nun auf

Zur imposanten Kampenwand lässt es sich auch mit Buggy wandern

etwas an (Buggy zu zweit schieben), dann aber wird er eben und breit. Trotzdem sollten stürmischere Kinder auf der Felsseite oder an der Hand der Erwachsenen gehen. Wer die Augen offen hält, bemerkt die im Vergleich zu anderen Höhen etwas veränderte Botanik: vorwiegend Augentrost, Hornklee und Gänseblümchen.

Reit im Winkl: Natur pur für die ganze Familie

Wieder runter vom Berg führt östlich von Aschau die **Deutsche Alpenstraße** über Marquartstein (mit Märchen-Erlebnispark, s. S. 97) nach **Reit im Winkl** [Tourist-Info, Dorfstr. 38, 83242 Reit im Winkl, Tel. 08640-800 27, info@reitimwinkl.de, www.reitimwinkl.de]. Der dicht an der österreichischen Grenze liegende Urlaubsort überrascht mit seinem vielfältigen Kinder- und Familienprogramm.

Die Eltern haben frei, wenn in Reit im Winkl die **Waldschnecken** (3-10 J.) mit ihren Betreuern losziehen. Die Kinder erleben die Geheimnisse des Waldes, finden Spuren von Waldbewohnern, trainieren beim Natur-Memory ihr Gedächtnis und brutzeln Würstel am Lagerfeuer [besser vorher anmelden bei der Tourist-Info in Reit im Winkl, s.l., Ende Juni-Anf. Sep Di und Do, Mitte-Ende Okt Di, jew. 9.30-15 Uhr, € 3 für Mittagsverpflegung].

Die ganze Familie wandert im **Barfußpark** mit nackten Füßen auf 250 Metern über allerlei Material: Gras, Sand, Hackschnitzel usw. Diese natürliche Fußreflexzonenmassage macht nicht nur Spaß, sondern ist auch gesund. Eltern und Kinder üben außerdem das Balancieren und wetten, wer am längsten das Gleichgewicht halten kann [am Grünbühel bei der Kneippanlage, gratis]. Ebenfalls für die ganze

Familie eignet sich der **Kinderwagen- und Spieleweg**. Unterwegs gibt es 17 Stationen, an denen man entdecken, basteln, fühlen, riechen kann, sich verzaubern lässt und unterwegs den Waldriesen, das Steinlabyrinth oder den Skulpturenpark sucht [wahlweise 1,8 oder 4,3 km, Ausgangspunkt am Sportplatz in der Tiroler Str., Eintritt frei].

Ruhpolding: großes Angebot für Familien

Ein volles Programm können Familien im Urlaubsort **Ruhpolding** in Anspruch nehmen [Tourist-Info, Hauptstr. 60, 83324 Ruhpolding, Tel. 08663-880 60, tourism us@ruhpolding.de, www.ruhpolding. de]. Der erste Weg führt zur **Rauschbergbahn** [Knogl 12 (Alpenstraße), 83324 Ruhpolding, Tel. 08663-59 45, Infos über Tel. 08663-13 81, Betrieb ab 9.15 Uhr, Fahrpreis hin und zurück Erw. € 18, Kinder (5-15 J.) € 7,20, bis 4 J. frei, Familienticket (2 Erw., Kinder bis 14 J.) € 39,50, bei nur 1 Erw. € 20, Hunde € 4,50]. In nur sechs Minuten gleiten die Kabinen auf 1.670 Meter Höhe hinauf. Gleich neben dem Rauschberghaus, wo es nach Topfenstrudel und im Winter nach Bratäpfeln duftet, beginnt der **Alpen-Lehrpfad** (etwa 2 km, davon 1,25 km mit dem Buggy möglich). Diese Tour gehört der ganzen Familie, erstens weil auch die Kleinsten dabei sein können, andererseits weil es viel zu lernen und zu erraten gibt. In fünf Hütten müssen allerlei Knöpfe und Klappen bedient werden, um etwas über Klima, Geologie, den Bergwald, seine Pflanzen und Tiere zu erfahren.

Wieder unten im Tal, geht es weiter mit dem Thema Wald und Holz. Wie Waldarbeiter und Holzknechte in früheren Zeiten wohnten und wie mühevoll ihre Arbeit war, wird sehr anschaulich gezeigt in der großen Außenanlage des **Holzknechtmuseums** [Laubau 12, an der Deutschen Alpenstraße, 83324 Ruhpolding, Tel. 08663-639, info@holzknechtmuseum.com, www.holzknechtmuseum.com, Mai-Okt Di-So 10-17, Juli-Mitte Sep auch Mo, Weihnachtsferien 13-17, Mitte Jan-Mitte März Mi 10-17, Osterferien tägl. 13-17 Uhr, Erw. € 3,50, Kinder (6-14 J.) € 1,50, Familienticket (Eltern u. eigene Kinder) € 8].

Man besichtigt die Rindenkobel, einfache, schnell gebaute Unterkünfte, das Dach aus Rinde, drinnen eine Strohschicht, auf der die Holzknechte zusammen nächtigten, ein Sägegatter, eine Kolbendruckpumpe mit sieben Meter hohem Wasserrad für die Beförderung von Sole durch Röhren nach Bad Reichenhall (s. Tour 4, S. 50) und noch viel mehr aus dem Leben der Holzknechte. Eltern folgen am besten ihren Kindern, um die ganze Anlage und das Museum zu besuchen und zu verstehen. Denn die jungen Detektive holen sich für € 2 die Kinderpfad-Ausrüstung, einen Rucksack mit Spielplan und allen nötigen Utensilien, ziehen die Arbeitskleidung an, ein Foto noch und los geht's. Am Schluss gibt es für die Beantwortung aller Fragen zusätzlich zum Rucksack auch noch ein Geschenk.

Schön und gleichzeitig informativ ist auch immer ein Abstecher ins neun Kilometer nördlich liegende Siegsdorf mit dem **Mammut-Museum** (s. S. 96). Und wer nun nach so viel Lehrreichem reines Amüsement sucht, der begibt sich zum **Freizeitpark Ruhpolding** (s. S. 95): Hier wartet Spaß pur auf die ganze Familie.

Tour 6: Das Land der Seen und Bergbahnen

Kochelsee • Walchensee • Bad Tölz • Blombergbahn • Lenggries • Tegernsee • Schliersee • Wendelstein

Wo: östlich der A 95 nach Garmisch-Partenkirchen, Ausf. Murnau/Kochel – Wie: mit dem Auto, kleinere Wandertouren; Tegernsee, Schliersee sowie Bad Tölz und Lenggries sind von München aus bequem per Bahn erreichbar – Dauer: 2-3 Tage, auch in mehrere kleinere Touren aufteilbar – Nicht vergessen: Badezeug, Wanderschuhe, Wanderstöcke, Sonnenschutz, Fernglas, Kamera, Taschenlampe

Die Tour durch das Tölzer Land und die benachbarte Alpenregion Tegernsee/Schliersee ist äußerst abwechslungsreich. Einmal bleibt man unten an den Seen, stürzt sich ins Wasser, dann wieder geht es mit Zahnrad- oder Seilbahn hinauf auf die Berge, wo geologisch lehrreiche Pfade auf interessierte Besucher warten. Technisch raffinierte Anlagen wie das Walchenseekraftwerk wechseln ab mit ländlichen Idyllen, die sich für den Familienurlaub mit Hochseilgarten und Bullcarts gerüstet haben [Tölzer Land Tourismus, Prof.-Max-Lange-Platz 1, 83646 Bad Tölz, Tel. 08041-50 52 06, info@toelzer-land.de, www.toelzer-land.de; Tourismusverband Alpenregion Tegernsee Schliersee e. V., Tegernseer Str. 20a, 83734 Hausham, Tel. 08026-92 07 00, www.tegernsee-schliersee.de].

Spannende Technik im Besucherzentrum des Walchenseekraftwerks

Futtern im Kloster

*Das **Kloster-Bräustüberl Benediktbeuern** (tägl. 9-24 Uhr, s.u.r.) ist saugemütlich, man futtert in historischem Ambiente, die gut zubereiteten bayerischen Schmankerl sind preiswert: z.B. Klosterbrotzeitbrettl € 7,50, gesottenes Ochsenfleisch mit Kren (Meerrettich), Gemüse und Kartoffeln € 9. Und man hat auch an die Kinder gedacht: Knödel oder Spätzle mit Soße je € 2,80, Pommes mit Ketchup € 2,40, „Micki Maus" (Spaghetti mit Fleischsoße) € 4,10, „Daniel Düsentrieb" (Schweinsbraten, Gemüse, hausgemachte Spätzle) € 4.
Danach gibt es im benachbarten **Kräuterladen** Eis mit etwas anderem Geschmack: Holunderblüten, Pfefferminz und Honig mit Zitronenmelisse.*

Wasserkraft durch Höhenunterschied

Mitten in **Kochel am See** steht ein überlebensgroßes Denkmal. Es erinnert an den „Schmied von Kochel", der gegen die Türken kämpfte und Mitanführer des Volksaufstands gegen die österreichische Besatzung in München (1705) war. Heute gilt das Interesse der Besucher der kleinen Stadt im Tölzer Land aber eher einer technischen Errungenschaft, die auch für Kinder interessant ist: das **Walchenseekraftwerk** [Altjoch 21, 82431 Kochel am See, Tel. 08851-770, service.wasserkraft@eon-energie.com, www.eon-wasser kraft.com, tägl. 9-17 Uhr, Eintritt frei, Bistro mit Biergarten]. Südlich von Kochel beginnt die kurvenreiche Kesselbergstraße. Hier muss der Fahrer aufpassen, dass er die Abzweigung rechts zum Kraftwerk nicht verpasst. Das moderne Informationszentrum bietet eine technische Show sondergleichen. Dazu muss man wissen: Der **Walchensee** wird von der Isar und vom Rissbach gespeist. Dieses Wasser strömt in Richtung des tiefer liegenden **Kochelsees** durch 450 Meter lange Druckrohre zu den Turbinen des Kraftwerks. Von dort fließt es weiter in den Kochelsee und schließlich über den Loisach-Isar-Kanal bei Wolfratshausen wieder in die Isar. In Modellen, auf Tafeln mit Druckknöpfen und großen Reliefs wird die umweltfreundliche Stromerzeugung ohne Wasserverlust auch für jüngere Schüler deutlich. Wer das Thema ernsthaft betrachten möchte, sollte am Empfang den Wissenstest machen, prüfen, wie viel schon im Kopf ist, und nach dem Besuch checken, wie viele Fragen jetzt genauer beantwortet werden können. Zur Einstimmung eine Frage: „Seit wie vielen Jahren wird Wasserkraft genutzt?" Die überraschende Antwort: seit 4.000 Jahren!

Barocke Pracht

Auf der Weiterfahrt nach Bad Tölz grüßen bald die Türme des **Klosters Benediktbeuern** [Zeilerweg 2, 83671 Benediktbeuern, Tel. 08857-887 20, info@kloster-benediktbeuern.de, www.kloster-benediktbeuern.de, tägl. 9-17.30, Führungen April-Juni Di u. Do 14.30, Sa/So/Fei auch 11, Juli-Anf. Okt tägl. 14.30, Sa/So/Fei auch 11, Okt-Anf.

Nov Di, Do, Sa/So/Fei 14.30, Nov-März Sa/So/Fei 14.30 Uhr, Eintritt frei]. Barocke Pracht entfaltet sich in der Klosterkirche, der Hochaltar ist mit einer Uhr ausgestattet, die Kanzel sticht durch ihre schwarz-goldene Farbgebung heraus und die Anastasiakapelle trägt zu Recht den Titel „Kleinod des Rokoko nördlich der Alpen".

Am entgegengesetzten Ende der Anlage, außerhalb der Klostermauern, finden technisch Interessierte eine Seltenheit: die **Historische Fraunhofer-Glashütte** [deutliche Ausschilderung ab Kloster, tägl. 9-16 Uhr, Eintritt frei]. Hier hat der berühmte Optiker Joseph von Fraunhofer (1787-1826) mit raffinierten Techniken die Herstellung hochwertigen Glases revolutioniert und damit die Produktion von Fernrohren für die astronomische Beobachtung ermöglicht.

Für Wagemutige und Tempohungrige

Nach einer Reihe von Besichtigungen wird es Zeit, sich endlich wieder etwas auszutoben und eine Mordsgaudi zu erleben. Dazu gibt es am **Blomberg** reichlich Gelegenheit. Er liegt an der Straße von Benediktbeuern über Bichl und Bad Heilbrunn etwa acht Kilometer vor Bad Tölz. Die Attraktion: Deutschlands längste **Sommerrodelbahn** mit 1.286 Metern und der **Blomberg-Blitz** auf Schienen mit einem Tempo bis zu 40 Stundenkilometern (s. S. 94). Kinder, die Rasereien nicht mögen, finden neben der Liftstation einen **Kindererlebnispark** mit Trampolin, Kinder-Bungee, Verkehrsgarten und Wasserspielen [Freizeitgebiet Blomberg, 83646 Bad Tölz (Wackersberg), Tel. 08041-37 26, info@blombergbahn.de, www.blombergbahn.de, Doppelsesselbahn und Sommerrodelbahn bei trockenem Wetter März-Anf. Nov 9-18/16 Uhr, Auffahrt Mittelstation und Rutschen Erw. € 4, Kinder (3-14 J.) € 3, Einzelfahrt mit „Blitz" € 4/3,50].

Zum Bullen von Tölz

Das Blomberggebiet gehört zu **Bad Tölz**. Die historische Marktstraße des gemütlichen Ortes, in der Benno Berghammer alias Ottfried Fischer als „Bulle von Tölz" knifflige Kriminalfälle löst, ist eine gemütliche Fußgängerzone mit vielen Straßencafés und Kneipen. Für Fans der Fernsehserie wird eine Führung zu den Drehorten angeboten, Termine gibt es bei der **Tourist-Information** [Max-Höfler-Platz 1, 83646 Bad Tölz, Tel. 08041-786 70, info@bad-toelz.de, www.bad-toelz.de]. Bad Tölz ist aber auch ein beliebtes Urlaubsziel für alle Wasserratten: Hier finden sie nämlich das ganzjährig geöffnete **Alpamare** (s. S. 28) und im Sommer das **Naturfreibad Eichmühle** (s. S. 23).

Hier toben sich „Rennsäue" aus

Hoch her geht es im ein Stück südlich von Bad Tölz gelegenen **Lenggries**, und zwar in der **Freizeitarena Brauneck** [neben der Brauneck-Bergbahn, Gilgenhöfe 29a, 83661 Lenggries, Tel. 08042-50 94 94, info@bullcarts.de, www.bullcarts.de, im Sommer bei gutem Wetter Mo-Fr ab 15, Sa, So/Feiertag sowie Ferien ab 12 Uhr, 1 Fahrt € 3,80, 3 Fahrten € 8,40]. Da staubt es mächtig, wenn sich Vater mit Sohn oder Tochter auf dreirädrigen Bullcarts in die sandigen Kurven des Streidlhangs legt. Mit einem Skilift wird das Gefährt samt Besatzung hochgezogen und dann geht es je nach Veranlagung vorsichtig oder rasant die Piste abwärts. Ab zwölf Jahren dürfen Mädels und Jungen schon alleine fahren. Gut so, denn in dieser Gruppe gibt es ja bekanntlich die meisten „Rennsäue".

Vom See auf den Berg
Östlich von Lenggries liegen zwei romantische Gewässer: der **Tegernsee** und der **Schliersee**. Im Sommer sind dort die Straßen zwar überfüllt, wer aber auf dem Weg in die Berge etwas Erfrischung nötig hat, findet im **See- und Warmbad in Rottach-Egern** (s. S. 22) oder am kleinen Schliersee im Park-Strandbad immer noch ein Plätzchen für sich und seine Lieben.
Ist die Familie dann erfrischt, ruft der **Wendelstein**. Dieser Berg ist eigentlich ein Korallenriff, das vor 250 Millionen Jahren vor der afrikanischen Küste entstand und durch den Druck der Kontinentalplatten seinen heutigen Platz einnahm. Die „Bezwingung" macht einerseits viel Spaß – die Natur ist grandios und für eine Rundtour können unterschiedliche Beförderungsmittel benutzt werden –, andererseits muss man ganz genau planen, will man am gleichen Tag wieder zu seinem Auto zurückkommen (warum, erfahren Sie am Ende der Tourbeschreibung).
Von Schliersee kommend (A8, Abf. Irschenberg), trifft man zunächst in Osterhofen (vor Bayrischzell) auf die **Wendelsteinbahn**. In nur sieben Minuten hat die Seilbahn den Berg erreicht.

Prächtige Häuserfassade an der Isar in Bad Tölz

Überblick verschafft sich die ganze Familie zunächst vom neben dem Wendelsteinhaus (mit Selbstbedienung) aufragenden **Gacher-Blick**. Eine Panoramatafel erklärt den malerischen Rundblick bis zu den Zentralalpen mit dem Großglockner. Dann muss man sich entscheiden: Der **Gipfel- und Panoramaweg** (1,5 bis 2 Std., feste Schuhe und Wanderstöcke sind ratsam) ist teils steil, ein paar Wege gehen am gesicherten Abgrund entlang, geübte Sechsjährige können ihn aber schaffen.

Wer keine Lust zu einer anstrengenden Tour hat, geht mit den Kleinen gleich hinter dem Bergbahnhof zum **Höhlen-Dom**. In der „Kältefalle" liegt auch im Sommer noch Schnee, 200 Meter geht es auf Treppen hinab in die Finsternis (Taschenlampe!). Anschließend können Sie den rabenschwarzen Bergdohlen zuschauen, die sich von der Thermik tragen lassen und von den Tischen auf der Restaurant-Terrasse Brot stibitzen. Nach der Wanderung auf dem Panoramaweg geht es mit der **Zahnradbahn** abwärts nach Brannenburg. Eine „Gämse auf Schienen" wird die Bahn genannt. Mit bis zu 23,7 Prozent Steigung liegt sie nahe an der Belastungsgrenze (25 Prozent, s. Tour 7, S. 69, Zugspitzbahn ab Eibsee). Immer wieder wird es auf den 7,66 Kilometern dunkel und man fährt durch Tunnel und Galerien, die Berg-ingenieure in den Berg getrieben haben. Dann rumpelt der Zug über Brücken, unten grasen Kühe auf blühenden Almwiesen.

Schließlich wird die Strecke eben und schon ist die Talstation erreicht, wo die Bergwanderer ein Bus der „Wendelstein-Ringlinie" erwartet, der auf Umwegen zurück zum Parkplatz an der Seilbahn fährt.

Und das ist auch der Grund dafür, weshalb diese Tour gut geplant werden muss: Der letzte Bus fährt um 17 Uhr! [Wendelsteinbahn GmbH, Kerschelweg 30, 83098 Brannenburg, Tel. 08034-30 80, info@wendelsteinbahn.de, www.wendelsteinbahn.de; Infos über Bus-Ringlinie unter www.wendelstein-ringlinie.de; Seilbahn tägl. ab 9.15, Zahnradbahn tägl. ab 9 Uhr, beide jeweils stündl., Kombikarte-Rundfahrt (Seilbahn + Zahnradbahn + Bus) € 28,50, Kinder (6-15 J.) € 17, bis 6 J. frei, Familientickets (2 Erw. u. alle Kinder) € 69, 1 Erw. u. alle Kinder € 41.]

Eigentlich ein Korallenriff: der Wendelstein

Tour 7: Zweimal Spitze, Kunst und Berg

Murnau am Staffelsee • Oberammergau • Schloss Linderhof • Garmisch-Partenkirchen • Zugspitze • Mittenwald

Wo: Zugspitzregion, südlich vom Starnberger See bis zur Landesgrenze – Wie: mit dem Auto, zwischendurch zu Fuß; Murnau, Garmisch-Partenkirchen und Mittenwald sind ab München bequem mit der Bahn erreichbar – Dauer: 2-3 Tage, auch in mehrere kleinere Touren aufteilbar – Nicht vergessen: Notizblock, Malutensilien, Regenzeug (Klamm), warme Kleidung (Zugspitze)

Da ist ganz schön was los in der Zugspitzregion, beginnt sie doch bereits im Künstlerstädtchen Murnau am Staffelsee und endet erst weit unten im Süden auf dem Dach der Zugspitze. Dazwischen liegen touristische Schwergewichte wie Oberammergau, das reizende Schloss Linderhof, schließlich Grainau an der Zugspitzbahn und nahe dem Eibsee, dann Garmisch-Partenkirchen mit der Partnachklamm, und last but not least Mittenwald mit der neu eröffneten Leutascher Geisterklamm und der steilen Karwendelbahn.

Solch eine Vielfalt ist in nur einem Urlaub mit Sicherheit kaum zu bewältigen [Tourismusgemeinschaft Zugspitz-Region, Richard-Strauss-Platz 1a, 82467 Garmisch-Partenkirchen, Tel. 08821-18 04 84, info@zugspitz-region.de, www.zugspitz-region.com].

Der Kunstspaziergang durch Murnau macht selbst den Kleinen Spaß

Murnau: Kunstspaziergang für Adleraugen

Das Künstlerpaar Wassily Kandinsky und Gabriele Münter hat das reizvolle **Murnau** in aller Welt bekannt gemacht. Als Alternative zur musealen Enge wurde im Städtchen der **Kunstspaziergang** kreiert, Ausgangspunkt ist das **Fremdenverkehrsamt** [Tourist-Information, Kohlgruber Str. 1, 82418 Murnau, Tel. 08841-614 10, touristinformation@murnau.de, www.murnau.de], wo man auch den Tourenplan erhält. Auch wenn dieser schwierig zu lesen ist, bleibt das Suchen der Schauplätze und die Prüfung von Bild und aktuellem Original ein heiteres Spiel für die ganze Familie.

Ein Beispiel: Von der Tourist-Info geht es zum Untermarkt/Ecke Kirchsteig. Dort steht als Nr. 3 der Tour Gabriele Münters „Spreufuhren im Winter" von 1911. Das Ochsengespann mit mächtigen Riedgrasladungen vom Moos (für Streu im Stall) verdeckt das zentrale Haus bis zur Hälfte. Die Form des Gebäudes ist geblieben, die Front wurde aber heutigen Zwecken angepasst. Die linke Häuserzeile allerdings zeigt sich bei zugekniffenen Augen noch im Münter'schen Sinne, das helle Haus mit dem Treppengiebel ist bis heute erhalten geblieben. Der Höhepunkt eines Murnau-Besuchs ist jedoch das **Münter-Haus** [Kottmüllerallee 6, 82418 Murnau, Tel. 08841-62 88 80, Di-So 14-17 Uhr, Erw. € 3, Kinder und Jugendliche bis 25 J. frei]. Dort spürt man noch heute die Atmosphäre der Zeit, als Münter und Kandinsky von 1909 bis 1917 hier zusammenlebten. Für die Detektiv-Mannschaft gibt es oberhalb des Hauses noch einmal die Gelegenheit, zwei Gemälde von gestern mit dem Heute zu vergleichen: Nr. 1, Kandinskys „Studie zu Murnau mit Kirche", und Nr. 2, Münters „Murnau", beide 1910 entstanden. Alle atmen auf: Kirche mit Turm und das markante Schloss mit Wohnturm dahinter bestimmen das Motiv – damals wie heute.

Oberammergau: den Holzschnitzern über die Schulter schauen

Eine landschaftlich abwechslungsreiche Strecke führt über Bad Kohlgrub nach **Oberammergau** [Ammergauer Alpen und Fremdenverkehrsamt, Eugen-Papst-Str. 9a, 82487 Oberammergau, Tel. 08822-92 27 40, info@ammergauer-alpen.de, www.ammergauer-alpen.de]. Der Ort ist während der weltweit bekannten **Passionsspiele** total überfüllt, aber die nächsten finden erst wieder 2020 statt. Wer die Passionsspiele jedoch nachempfinden möchte, nimmt an einer der für die ganze Familie spannenden Führungen durch das **Passionstheater teil** [Theaterstr. 16, 82487 Oberammergau, Tel. 08822-945 88 33, www.passionstheater.de, April-Dez Di-So zwischen 10 und 17 etwa jede halbe Stunde, übrige Zeit nur 11, 12.30 und 14 Uhr, während der Festspiele Änderungen, Erw. € 4, Kinder (6-18 J.) € 1]. Im **OberammergauMuseum** (mit Hinterglasbilder-Sammlung) interessiert vor allem die historische Kirchenkrippe der Oberammergauer Holzschnitzer, mit Festungen, Tieren, Puppen und typischen Hampelmännern, dem Spielzeug der Kinder in vergangenen Zeiten. Weil die **Holzschnitzerei** bis heute Tradition

In der „Lebenden Werkstatt": ein Holzschnitzer bei seiner Arbeit

Oberammergauer Lüftlmalerei an vielen Hausfassaden

ist, zeigen einheimische Holzschnitzer ihre Kunstfertigkeit im benachbarten Pilatushaus in der **"Lebenden Werkstatt"**. Die Kleinen sollten jedoch nicht herumrennen, denn die Schnitzer müssen sich konzentrieren und ihre Stichel oder Schnitzmesser sind oberscharf [Museum: Dorfstr. 8; Pilatushaus: Ludwig-Thoma-Str. 10, 82487 Oberammergau, Tel. für beide 08822-941 36, museum@oberammergau.de, www.oberammergaumuseum.de; Museum: April-Anf. Nov Di-So 10-17, Erw. € 4, Kinder (6-18 J.) € 1 ; Lebende Werkstatt: tägl. Mitte Mai-Anf. Okt 11-14.30 u. 17-20, Adventswochenenden 11-17, Weihnachten-Dreikönig 13-17 Uhr, Eintritt frei]. Vor oder nach den Besichtigungen, oder wenn für einen Besuch nur wenig Zeit zur Verfügung steht, bekommen Familien die beste Übersicht mit der **Tschu-Tschu-Bahn** [Mai-Mitte Okt 10.30-15.45, jede halbe Std., Abf. am Eiscafé Paradiso, € 4, Kinder (6-14 J.) € 1,50]. Das Bähnchen tuckert durch die Gassen mit den vielen **Lüftlmalereien** an den Hausfassaden. Während der Fahrt erfährt man u.a., wer der Herr Lüftl war, wo das Hänsel-und-Gretel-Haus steht und wo der berühmte Schriftsteller Ludwig Thoma (1867-1921) geboren wurde.

Märchenschloss mit Wasserspiel

Nun geht es weiter, ein Stückchen Richtung Ettal, dann nach rechts abbiegen in das romantische Graswangtal, und schon sind wir König Ludwig II. auf der Spur, in diese stille Ecke baute er sein **Schloss Linderhof** [ohne Adresse, Tel. 08822-92 03 49, sgvlinderhof@bsv.bayern.de, www.linderhof.de, tägl. April-Mitte Okt 9-18, danach 10-16 Uhr, Erw. € 7, unter 18 J. frei, Erm. (über 65 J.) € 6].

Ein weiteres Kleinod von Ludwig II.: Schloss Linderhof

Den besten Blick über die Anlage genießt man von der inzwischen renovierten Terrasse. Wenn dann auch noch die Wasserspiele das Märchenschloss verschönen (im Sommer jede halbe Std.), klicken und surren die Kameras unaufhörlich.

Wer keine Lust hat auf die Besichtigung prunkvoller Räume, kann kostenlos in der Anlage und im großen Park mit Venustempel und maurischem Kiosk mit märchenhaftem Pfauenthron bummeln. Die anderen amüsieren sich währenddessen im Lese- und Studierzimmer des Königs. Bei richtiger Stellung zwischen den zwei Spiegeln an den gegenüberliegenden Wänden entsteht hier ein unendlicher, golden glänzender Korridor. „Echt cool", beschreibt ein Zehnjähriger den soeben entdeckten Effekt. Und im Speiseraum wundert sich die ganze Familie über die Funktion des „Tischlein-deck-dich": Der menschenscheue Monarch saß seinerzeit ohne Diener in seinem Sessel im großen Speiseraum. Dann gab er den Befehl zu servieren. Zwei Bodenplatten vor dem Sessel öffneten sich und der im Erdgeschoss gedeckte Goldtisch schwebte mit dampfenden Schüsseln nach oben. Es ist angerichtet! Nach dem Rundgang sollten Neugierige nach rechts um das Schloss gehen, dort finden sie parterre ein Fenster, das den Blick auf die Mechanik der Servier-Maschine freigibt.

Auf die Spitze Deutschlands: Rucksack richtig packen

Spannung kommt auf, es geht weiter südwärts, zwei reizvolle Ziele stehen auf dem Plan: die Fahrt auf Deutschlands höchsten Berg, auf die hell gleißende **Zugspitze**, und mit der Taschenlampe in

Zehn Touren, die allen Spaß machen

die wilde, dunkle **Partnachklamm**. Station ist **Garmisch-Partenkirchen** (s.S.33) [Tourismusgemeinschaft Zugspitz-Region, Richard-Strauss-Platz 1a, 82467 Garmisch-Partenkirchen, Tel. 08821-18 04 84, online@gapa.de, www.gapa.de]. Die Tour auf die Zugspitze will gut geplant sein. Früh aufstehen, im Rucksack warme Kleidung, Sonnenschutz, Sonnenbrille, Getränke. Außerdem rechtzeitig den Fahrplan und anderes Informationsmaterial besorgen bei der Bayerischen **Zugspitzbahn** Bergbahn AG [Olympiastr. 27, 82467 Garmisch-Partenkirchen, Tel. 08821-79 70, zugspitzbahn@zugspitze.de, www.zugspitze.de, Rundreise mit Zahnradbahn, Gletscher- und Eibsee-Seilbahn Erw. € 47, Kinder (6-15 J.) € 26, 16-18 J. € 32,50, innerhalb einer Familie bezahlen Kinder (6-18 J.) nur je € 9, ab dem 4. Kind frei]. Die erste Abfahrt in Garmisch ist um 8.15 Uhr (bis 14.15 Uhr stdl.). Nach der Station Grainau vernehmen die Fahrgäste ein mahlendes Geräusch: Zeichen dafür, dass die Zahnräder der Bahn in die mittengleisig verlegte Leiterzahnstange eingegriffen haben. Ab Eibsee wird es steil, es ist deutlich zu spüren, dass sich der Zug ohne Zähne nun nicht mehr vorwärts bewegen könnte. 15 Prozent Steigung sind zu bewältigen, ab Station Riffelriss sogar 25 Prozent. Das ist die Belastungsgrenze, bei mehr Neigung würde das Zahnrad aus der Zahnstange „aufsteigen", in der Laiensprache: Es würde abrutschen. Endstation ist das Zugspitzplatt (2.600 Meter). An dieser Stelle heißt es umsteigen in die Kabinen der Gletscherbahn. Gleißendes Licht empfängt die Gäste auf der Spitze, kalter Wind bläst ins Gesicht, im höchsten Biergarten Deutschlands halten die Gäste ihre Krüge mit Handschuhen, der höchste Briefträger Deutschlands eilt zur nächsten Bahn, der Vier-Länder-Blick in die umgebende Alpenwelt und die Täler lässt alle verstummen. Spannende Technik gibt es im ersten Stock der Bergstation, genauer im großen Informationsumgang, zu sehen. Spannend ist auch der „Abstieg" mit der Drahtseilbahn: freier Blick in alle Richtungen, die Spielzeug-Wälder und Bauklotz-Dörfchen rücken näher, schließlich erreicht man die Station Eibsee. Zu Fuß ein kurzes Stück zur Station der Zahnradbahn und ab geht's, zurück in die Maria-Riesch-Stadt Garmisch.

Ganz schön zugig im höchstgelegenen Biergarten Deutschlands!

Mittenwald: Der Klammgeist kommt aus Österreich

Geigenbauer haben **Mittenwald** weltberühmt gemacht, mit Lüftlmalereien wurden die Häuser in der Fußgängerzone geschmückt, außerhalb gibt es einen kitzeligen Barfußwanderweg. Der **Karwendel** überragt den Ort, in wenigen Minuten ist die Seilbahn oben auf 2.244 Metern, Ausgangspunkt auch für leichte Wanderungen mit Kindern. Doch seit Eröffnung der **Leutascher Geisterklamm** ist die Rasselbande nicht mehr zu halten, alle wollen ohne Stopp zum drei Kilometer langen **Klammgeistweg** [Tourist-Information Mittenwald, Dammkarstr. 3, 82481 Mittenwald, Tel. 08823-339 81, touristinfo@mittenwald.de, www.mittenwald.de].
Die Geistertour beginnt im österreichischen **Leutasch**, drei Kilometer von Mittenwald entfernt [nach der Brücke links zum Parkplatz, automatische Schranke € 5, Eintritt in die Klamm frei, Dauer des Rundwegs etwa 2 Std., keine Kinderwagen, keine Hunde]. Am Klammtor wird die Familie bereits vom blau ange-

Ins Riesenfernrohr steigen

*Nicht nur in die schöne Welt des Hochgebirges bringt die **Karwendelbahn** (tägl. Sommer 8.30-16.30, Winter 9-16 Uhr, hin und zurück Erw. € 22, Kinder (6-17 J.) € 12, Familien (Eltern u. Kinder bis 17 J.) € 46, weitere Infos unter www.karwendelbahn.de) ihre Gäste, sondern auch in ein Informationszentrum, in dem man alles über den Naturpark Karwendel erfährt, die Kulturlandschaft und die Lebenskünstler aus Flora und Fauna, die in eisiger Kälte überleben. Das Besondere an der neuen **Bergwelt Karwendel** (www.bergwelt-karwendel.de) ist die Ausstellung in einem riesigen Fernrohr an einer Felskante über Mittenwald. Man schwebt beim Blick aus der Panoramascheibe förmlich über dem Abgrund. Das sorgt garantiert für Bauchkribbeln!*

Die unendliche Geschichte

*Irgendjemand in der Familie hat bestimmt „Jim Knopf", „Momo" oder „Die unendliche Geschichte" gelesen. Dann macht ein Abstecher besonders viel Spaß: die **Michael Ende Ausstellung** (Kurhaus Garmisch (im Kurpark), Fürstenstr. 14, 82467 Garmisch-Partenkirchen, Tel. 08821-18 07 90, info@phantastische-gesellschaft.de, www.phantastische-gesellschaft.de, Di-So 12-17 Uhr, Erw. € 3, Kinder (6-16 J.) € 1, Senioren € 2,50, Familienticket € 5). Hier dürfen alle träumen und der Fantasie ihren Lauf lassen. Im Kinder-Raum steht die Frage „Zeit spahren aber für wehn?", in der Bibliothek hängen die Bücher von der Decke herab, das Traumfresserchen begegnet uns. Videos berichten über Endes Leben.*

hauchten Klammgeist begrüßt. Er wohnt seit 10.000 Jahren tief unten in der Schlucht. Oben wollte er nicht mehr sein, komische Wesen hausten dort, jagten Tiere, zogen Furchen in die Erde und warfen mit Steinen nach ihm. Nun können die Besucher der Klamm suchen, ob sie ihn, eine seiner Feen oder seine zu allerlei Streichen aufgelegten Kobolde entdecken.
Den Einstieg in die Klamm markiert eine Regenbogenschlange, die ein buntes Tor bildet. Erklärt wird, wie Regenbogen entstehen. Wo dann in der Klangkurve die Feenharfen zu hören sind, bekommt der Klammgeist Konkurrenz durch die moderne Technik. Ein Meisterwerk ist nämlich der Stahlsteig, der sich auf einem Kilometer Länge durch die Schlucht schlängelt, 43 Meter über der reißenden Leutascher Ache, die in Mittenwald in die Isar mündet. Treppauf, treppab geht es, immer wieder

Hierher wollen alle Kinder: der Mittenwalder Klammgeistweg

eröffnen sich spektakuläre Tiefblicke in das enge Bett des Bergbaches. Spielereien wie eine Windorgel oder ein mit Klangkörpern kombiniertes Windspiel machen vor allem den Jüngeren viel Spaß. Über einen Hörtrichter dringt das Donnergrollen des sich an Felswänden reibenden Wassers in die Ohren. Oder sind das nicht doch vielleicht die Schreie der Kobolde?
Wo der stählerne Pfad endet, beginnt ein Waldweg, der letzte Blick zurück in die Tiefe und auf das stählerne Wunderwerk. Dann geben Ahorn, Eberesche und Buchen kühlen Schatten. Die Aktionen gehen weiter, Ratespiele mit den Namen von Vögeln und den Spuren von Tieren reizen zum Wettbewerb. Nach Materialkunde über Gesteine und die wunderbare Flora folgt als „Abschlussprüfung" das Geisterquiz. Wer unterwegs gut aufgepasst hat, findet die Lösung spielend. Nur eine Hilfe: Das Ö wie in Österreich wird oe geschrieben.

> ### Barfuß über Moos und Tannenzapfen
> *Da quietschen und juchzen nicht nur Kinder, wenn es barfuß über Kiesel, spitze Steine, Rinde und Moos geht. Das ist ein neues Gefühlserlebnis für die ganze Familie. Und am Schluss hat gewonnen, wer zuerst mit den Zehen einen Knoten knüpft. Der **Barfußweg** liegt oberhalb der Kranzberg-Sesselbahn bei der St.-Anton-Hütte. Auskunft bei der Tourist-Information Mittenwald (s. S. 70) oder an der Kranzberg-Station.*

Tour 8: Wo Kühe gaffen und Pfaffen paffen

Lechgebiet mit Landsberg • Pfaffenwinkel mit Schongau • Steingaden • Wieskirche • Schönegg

Wo: im äußersten Westen Oberbayerns – Wie: motorisiert oder mit dem Rad, teils zu Fuß – Dauer: gemütliche Tagestour – Nicht vergessen: Kopfbedeckung, leichte Ersatzschuhe, Kamera, Badesachen, Packung Pasta für Wildschweinfütterung, Box für Käse

Oberbayerns Westen mit dem Lechgebiet und dem westlichen Teil des Pfaffenwinkels hat seinen eigenen Charakter: unaufdringlich, ruhig, Hügellandschaften mit schmucken Bauernhöfen, Wiesen mit Kühen und viele Kirchen und Klöster. Und weil sich so viele Mönche, Nonnen und Pfaffen – früher ein durchaus ehrwürdiger Name – in dieser Gegend niederließen und sakrale Bauten errichteten, lag der Name Pfaffenwinkel nahe. Bis heute ist diese Voralpenlandschaft ein Urlaubsgebiet für Familien geblieben, die der Hektik entfliehen, sich zur Pause auf eine Wiese legen oder in einem Kirchenraum Altäre und Fresken in Ruhe betrachten wollen. Hier lernen Stadtkinder, eine Kuh von einem Ochsen zu unterscheiden, und erfahren, woher die gesunde Milch kommt [Tourismusverband Pfaffenwinkel, Bauerngasse 5, 86956 Schongau, Tel. 08861-77 73, info@pfaffen-winkel.de, www.pfaffen-winkel.de].

Mit Kutsche oder Pferdeschlitten

*Das ganze Jahr über ziehen starke Shire-Pferde vom **Shire-Hof**, Nachkommen mittelalterlicher Schlachtrösser, Kutschen oder Schlitten durch die Landschaft des Pfaffenwinkels. Es sind die größten und schwersten Pferde, aber auch die geduldigsten. Auch Ausritte sind möglich, für Kinder gibt es Ponys. Shire-Hof, Ortsteil Tritschenkreut, 82380 Peißenberg, Tel. 08803-49 88 15, shiremeier@t-online.de, www.shiremeier.de.*

Unterwegs mit Kommissar Landsberger

Der nördliche Zugang zu unserer Route ist das romantische **Landsberg**, dessen Altstadt malerisch vom Fluss Lech umrahmt wird. Bei einem **Stadtrundgang** wird der mittelalterliche Reichtum deutlich, den der Ort den Privilegien des Salzhandels zu verdanken hat [Fremdenverkehrsamt, Hauptplatz 152, 86899 Landsberg, Tel. 08191-12 82 46, info@landsberg.de, www.landsberg.de, Führungen von Mai-Okt Sa/So und Mi 14.30 Uhr ab Marienbrunnen, Dauer 1,5 Std., Erw. € 3, Kinder (6-14 J.) € 1]. Groß ist in Landsberg am Lech das Angebot an speziellen historischen Stadtführungen. Doch den Vogel schießen wieder einmal die Kinder ab, die mit Kommissar Landsberger die Spuren der Vergangenheit und die Gegenwart in historischen Häusern erforschen dürfen. Auch Erwachsene können sich den großen Fragebogen abholen und sich mit dem Nachwuchs messen. Ein paar Punkte werden sie sicher schaffen, beispielsweise ob die Fassade des Rathauses von Axtmann, Maurer, Dominikus Zimmermann oder von Daniel Düsentrieb gestaltet wurde. Oder wie der Turm inmitten wunderschöner Häuserfassaden am Ende des Hauptplatzes heißt. Schief, Rot und Bunt stehen zur Wahl, außerdem Schmalz, also Schmalzturm. Nicht gleich verraten: Schmalzturm ist richtig, weil sich die Marktfrauen bei Sonnenschein in den Schatten des Kolosses stellten, damit ihre Ware, u.a. auch Schmalz, fester blieb. Der Fragebogen wird beim Amt abgegeben, für die richtige Beantwortung gibt es einen kleinen Preis.

Im Vorderen Anger 274 befindet sich das **Landsberger Schuhmuseum** [Anm. erforderl., Tel. 08191-422 96, außer So 9-12.30 und 14-18 Uhr, Erw. € 2, Kinder (6-15 J.) € 1]. Tipp: Vor dem Besuch das eigene Schuhwerk säubern, denn Inhaber Heinrich Pflanz sagt: „Man erkennt den Menschen an seinen Schuhen." Er führt das älteste Schuhgeschäft der Stadt (seit 1625) und hat das Schuhmuseum selbst aufgebaut. Schuhmode aus acht Jahrhunderten: Schnabelschuhe aus dem Orient, silberne Hochzeitsschuhe aus Afghanistan, Sklavenhändler-Sandalen aus Zaire, Gin-lin-Schuhe, mit denen sich Chinesinnen ihre Füße klein hielten, um heiratsfähig zu sein. Auch die Prominenz ist vertreten: Schu-

Der malerische Hauptplatz von Landsberg am Lech, hinten der Schmalzturm

he aus Satin von König Ludwig II., Sisi-Stiefeletten, Rennschuhe von Michael Schumacher, Sportschuhe von Basketballer Dirk Nowitzki (Größe 50) und Steffi Graf u.v.m. Außerdem lernt man: Die Redewendung „auf großem Fuß leben" stammt aus dem 12. Jahrhundert, als es nur dem reichen Adel gestattet war, die überlangen Schnabelschuhe zu tragen.

Wildschweine füttern erlaubt

Nach so viel Geschichte und Architektur – und leider sehr starkem Verkehr in der Innenstadt – ist Natur und frische Luft angesagt. Dafür ist der **Lechpark „Pössinger Au"** genau die richtige Adresse [südl. der Stadt, am Ostufer des Lech, vorbei am Nonnenturm, dann Orientierungstafel, stets frei zugänglich, auch mit Buggy möglich]. Hier kann sich die Jugend austoben, über Wassergräben hüpfen oder auch mitten hinein. Trifft sich die Familie dann an einem der Brotzeitplätze, kann es vorkommen, dass Rehe äsend über die Auenwiesen ziehen und mit großen Augen einen Blick auf die Picknicker werfen.

Das Kneippbecken mitten im Wald ist stets von Kindern umlagert. Die Eltern und Großeltern wundern sich, mit welcher Begeisterung die Kleinen Wasser treten und die Arme unter das eiskalte Wasser halten. Die nächste Station ist in der Regel das Wildschweingehege, besonders unterhaltsam, wenn sich gestreifte Frischlinge um die Muttersauen drängeln. Gedrängelt wird auch am Zaun, wo informierte Besucher ihre mitgebrachten Pastapackungen öffnen und damit das Schwarzwild füttern. Schließlich ist das **Restaurant Teufelsküche** [Wildparkweg 2, Tel. 08191-985 96 96, Mi-So 10-22 Uhr, Wickeltisch, Malsachen, Kinderbücher] oberhalb der romantischen gleichnamigen Schlucht erreicht. Der Legende nach entwich einst eine Hexe ihrem Grab und ließ nur einen Kohlehaufen zurück. Diesen kippten die Landsberger in das Wasser der Schlucht, wo die Kohle dann von selbst in Brand geriet. Der Qualm soll heute noch nachts über der Schlucht zu sehen sein.

Rund um die Ringmauer

Von Landsberg geht es immer am Lech entlang südwärts über die weltberühmte Romantische Straße zunächst nach **Schongau** [Info-Amt, Münzstr. 1-3, im Rathaus, Tel. 08861-21 41 81, touristinfo@schongau.de, www.schongau.de]. Das „Tor zum **Pfaffenwinkel**" wirbt gern mit seiner historischen Altstadt. Hier ein Vorschlag für eine kurze Stadtbesichtigung: Vom Rathaus südlich über den Marienplatz zur Lechtorstraße mit Treppengiebel (von 1420) am Ballenhaus. In Fortsetzung der Lechtorstraße geht es nach der Karmeliterstraße nach

Lustige Rudel vor und hinter dem Zaun im Lechpark Pössinger Au

Was für ein Anblick: die Orgel im Welfenmünster in Steingaden

links in den Östlichen Stadtgraben. Von der Tiefgarage oder vom Klosterhof aus gibt es einen Aufgang zur vollständig erhaltenen Ringmauer mit Wehrgang. Auf geht's! Für weitere Familienaktivitäten bieten sich die Badewelt Plantsch (s. S. 29) sowie der Märchenwald und Tierpark (s. S. 91) an.

Kleiner Abstecher in die Kunstgeschichte

Der nächste Abschnitt der Tour führt die Reisegesellschaft zu einer der berühmtesten Kirchen des Pfaffenwinkels, dem **Welfenmünster** in **Steingaden**. Es ist Teil des 1147 gegründeten Prämonstratenserklosters (Prämonstratenser: größter Chorherren-Orden, 1120 gegründet), das 1803 säkularisiert wurde. Spätestens vom Marktplatz aus zu sehen, ragen die zwei mächtigen weißen Türme leuchtend aus dem großen Komplex empor. Rechts auf dem Platz steht der Welfenbrunnen mit einer stattlichen Bronzefigur, mit einem Helm vor Kopfnüssen geschützt, in der linken Hand ein Schwert, in der rechten eine stilisierte Darstellung des Welfenmünsters. Der Recke ist Herzog Welf VI., der Stifter des Klosters.

Nach Betreten des Klosterhofs fällt rechts das reliefartig geschmückte romanische Giebelfeld (Tympanon) über der gotisierten Eingangstür zur St.-Johannes-Kapelle auf, das Christus zwischen Maria und dem Evangelisten Johannes zeigt. Die Kirche selbst wird „ein aufgeschlagenes Buch der Kunstgeschichte" genannt, weil Romanik, Gotik, Barock und Rokoko hier in besonderer Weise harmonieren. Die unzähligen Eindrücke in der Kirchenhalle wirken auf kunstgeschichtliche Anfänger etwas erdrückend. Also: Einzelstücke aussuchen, vielleicht wissen die Eltern, welcher Stilrichtung sie angehören. Beispiele: Aus Romanik und Gotik stammen die oben genannte St.-Johannes-Kapelle und der Kreuzgang mit Brunnenkapelle, eindeutiger Barock ist der ganze Chorraum mit Überwölbung und Stuckierung sowie die fünf Altäre und ins Rokoko gehören das gesamte Hauptschiff mit Stuckdekoration und Fresken, die Orgel, zwei Altäre in den Seitenschiffen, die Kanzel, Kirchenbänke und Beichtstühle.

Rokokojuwel Wieskirche

Vom Welfenmünster ist es nicht weit zu einem weiteren kunsthistorischen Highligt des Pfaffenwinkels. Falls der Nachwuchs nach den vorangegangenen Besichtigungen noch nicht meutert, sollten Sie hier unbedingt einen Stopp einlegen. Eine Million Besucher pro Jahr zählt die zum Weltkulturerbe erklärte **Wieskirche** [von der Romantischen Straße zw. Wildsteig u. Steingaden nach Süden, gut ausgeschildert, tägl. im Sommer 8-19, im Winter 8-17 Uhr, Eintritt frei, Auskunft zu den Konzerten Tel. 08862-200, www.wieskirche.de]. Vor allem im Sommer braucht man also viel Geduld, bis der Innenraum des Wallfahrtsortes erreicht ist. Dann aber wird man geblendet vom Weiß der Wände, erholt sich weiter oben am Gold der Architekturränder, der Altäre und versinkt im Blau des Himmels, aus dessen Mitte, umkreist von Heiligen und Engeln, das Licht Gottes herunterstrahlt in die Augen der Gläubigen. Im Zentrum des Gotteshauses steht der gegeißelte, angekettete Heiland, kein Kunstwerk, aber eine erbärmliches Leid ausstrahlende Figur, Ziel der Wallfahrer aus aller Welt. Zeugnisse der Frömmigkeit sind die vielen Votivbilder, Danksagungen für Rettung und Heilung, im rechten Umlauf. Wer den festlichen Eindruck erhöhen möchte, sollte eines der Sommerkonzerte besuchen.

Wer melkt die Plastikkuh?

Nach so viel Kultur ist nun aber endlich ein Themenwechsel angesagt. Schließlich glänzt der Pfaffenwinkel ja nicht nur durch seine sakralen Monumente, sein Gesicht ist auch geprägt durch Landwirtschaft. Eine tolle Idee verwirklicht haben die Landfrauen des Bayerischen Bauernverbandes mit dem **Pfaffenwinkler Milchweg** [4,2 km Rundweg, etwa 2 Std., auch für kleine Kinder gut

Käse aus tagfrischer Milch

*Das nach Blumen und Kräutern duftende Gras der Bergwiesen ist die Basis für die Fütterung der Pfaffenwinkler Kühe. Aus ihrer Milch wird Käse bester Qualität gemacht. Die Auswahl im Laden der **Schönegger Käse-Alm** ist groß [westl. Steingaden, oberhalb des Schwaigsees, Schönegg 6, 82401 Rottenbuch, Tel. 08867-489, versand@schoenegger.com, www.schoenegger.de, April-Okt tägl. 9.30-18, Nov-März Fr-So 11-17 Uhr]. Zuschauen bei der Käseproduktion kann man von Mai bis Oktober donnerstags um 11 Uhr. Freier Eintritt und eine Kostprobe von Rohmilch-Käse. Nebenan gibt es Brotzeit in der Stube oder auf der Terrasse.*

Zehn Touren, die allen Spaß machen

> **Bauernschläue: die Milchpauschale**
>
> Da haben sich die Rottenbucher Milchbauern einen tollen **Kurzurlaub** einfallen lassen: 3 Übern. mit Schlemmerfrühstück für 2 Erw. und 2 Kinder, Milchweg-Wanderung, Schönegger Käsealm mit Brotzeitpackerl, Milchfußbad für eine Person mit Fußpflege. Kosten in Pension € 172, in Ferienwohnung € 220, März-Juni u. Sep-Nov. **Tourist-Information**, Klosterhof 42, 82401 Rottenbuch, Tel. 08867-91 10 18, info@pfaffen-winkel.de, www.pfaffen-winkel.de.

Wie aus Gülle Strom wird. Dass Ziegen und Schafe schon vor 8.000 Jahren gehalten wurden. Warum Mist und Gülle stinken. Und was die Landwirte für die Landschaft tun. Und dann gesteht Kuh Alma, dass sie, wenn sie auf der Wiese grast, auch mal rülpsen muss. Dabei entweicht ihrem Kuhmagen (genauer ihrem Pansen) Methangas – leider ein Problem für die Umwelt. Hat die ganze Familie den Pfaffenwinkler Milchweg erfolgreich bewältigt, findet sie Stärkung auf der **Schönegger Käse-Alm** (s. Kasten S. 76). Auf diese wurde bereits in Schönegg deutlich hingewiesen. Hier können die Eltern fürs Abendbrot köstlichen Rohmilchkäse einkaufen, während ihre Sprösslinge ihre restliche Energie auf dem Spielplatz oder am Kleintiergehege verpulvern.

begehbar]. Der Lehrweg vermittelt auf unterhaltsame Weise Kenntnisse über Arbeit und aktuelle Probleme der Milchbauern. Start ist **Schönegg**, neun Kilometer östlich von Steingaden in der Nähe des Schwaigsees (besonders schön für eine kleine Badepause). Zuerst einmal dürfen nun alle an der geduldigen braunen Plastikkuh unterhalb der Alm das Melken ausprobieren. Gar nicht so einfach. Nach dem Melkakt geht es Richtung Rottenbuch auf die Strecke, die auch mit dem Kinderwagen zu bewältigen ist, nur auf dem letzten Stück, einem Schotterweg, muss das Kind aussteigen oder getragen werden. An jeder der zehn Stationen des Milchwegs gibt es eine Ruhebank und viele Fragen. Die klar verständlichen Antworten dazu sind hinter Klappen versteckt. Was da alles zu erfahren ist!

Melken lernen an der Plastikkuh, der Milchweg macht's möglich

Tour 9: „Wenn ich den See seh, brauch ich kein Meer mehr"

Starnberger See • Tutzing • Feldafing • Roseninsel • Fünf-Seen-Land

Wo: 25 Kilometer südwestlich von München – Wie: Auto, in der Urlaubszeit besser S-Bahn, dann Schiff – Dauer: Starnberger See Tagestour; das Fünf-Seen-Land kann auch in mehreren kleineren Touren erkundet werden – Nicht vergessen: Sonnenschutz, Windjacke, Badezeug, Fernglas, Kamera

Münchens Badewanne, der **Starnberger See**, liegt nur 25 Kilometer von Bayerns Hauptstadt entfernt. Wer ihn zum ersten Mal besucht, sollte ab München bequem mit der S 6 anreisen (Haltestelle Starnberg) und es auf jeden Fall vermeiden, Bayerns zweitgrößten See mit dem Fahrzeug zu umrunden. So kann man ihn nämlich nicht kennenlernen. Abgesehen vom notorischen Parkplatzmangel und vor allem in der Urlaubszeit stockenden Verkehr, sind die meisten Ufer mit Privatvillen zugebaut und man sieht von der Straße aus nicht viel See. Kenner wählen deshalb eine Schiffsrundfahrt von Starnberg nach Seeshaupt und zurück, das ist Genuss ohne Reue, 42 Kilometer lang. Die Tour kann unterwegs sogar unterbrochen werden. Beispielsweise, um von Tutzing mit der S-Bahn nach Feldafing zu fahren und von dort mit der „Plätte" auf die romantische Roseninsel zu schippern [Schifffahrt Starnberger See, Dampfschiffstr. 5, 82319 Starnberg, Tel. 08151-120 23 u. 80 61, starnbergersee@seenschifffahrt.de, www.seenschifffahrt.de, Abf. für die Gr. Rundfahrt 8.45, 10.35, Rückkehr ohne Unterbrechung der Tour 12.08 und 14.02 Uhr, Erw. € 16, Kinder bis 5 J. kostenlos, 1. Kind/Enkelkind (6-einschl. 17 J.) 50 %, alle weiteren eigenen Kinder/Enkelkinder (6-17 J.) je € 1, Hunde € 2, nur bei Abf. 11 und 12.30 Uhr Fahrräder € 2,50, Kinderfahrräder kostenlos].

Der „Kini" kommt ...

Gleich gegenüber der S-Bahn-Station beginnt die Bootsfahrt. Wir werden begleitet von schreienden Möwen, die auf ein paar Brotbrocken hoffen. Links vom Hafen tummeln sich Wasserratten am Strand des **Wasserparks** (s. S. 30). Die erste Spannung ist gleich vor dem Ort **Berg** zu spüren. „Hier ist König Ludwig II. ertrunken", hört man flüstern. „Vielleicht Selbstmord", kommt die Antwort. „Nicht ganz dicht mehr im Kopf", stellen andere respektlos fest. Und ein Bayer mit Gamsbart am Hut will nichts auf seinen „Kini" kommen lassen. Tatsache ist, dass der beliebte König an der Stelle, wo das Kreuz steht, in Begleitung seines Arztes ertrunken ist. Dem **Schloss Berg** sieht man seine königliche Begegnung nicht mehr an, es sieht wie eine stinknormale Villa aus. Denkmalschützer haben den alten Zustand wieder hergestellt, ganz ohne die königlichen Romantizismen (Türmchen, Zinnen usw.).

„Das ist doch blöd", meutert ein Sechsjähriger, die Eltern wiegen unentschlossen den Kopf hin und her, der Gamsbart-Bayer nickt: „Wo a recht hod, hod a recht."

... und Sisi auch

Das Schiff kreuzt auf die Westseite des Sees und kratzt in **Possenhofen** schon wieder an einem Stück königlich-bayerisch-österreichischer Geschichte. Im **Schloss Possenhofen** hat Kaiserin Elisabeth von Österreich in ihrer Kindheit viel Zeit mit Eltern und Geschwistern verbracht. Mit ihrem Salonwagen kam die Familie regelmäßig im Bahnhof des Ortes an. Dort, wo sie auf die königliche Kutsche wartete, wurde das **Kaiserin-Elisabeth-Museum** eingerichtet. Vor allem die Mütter werden hier begeistert romantischen Erinnerungen an ihre eigene Jugend und lange Fernsehabende mit Romy Schneider und Karlheinz Böhm nachhängen. Aber auch für Kinder ist es spannend, mehr über das Leben einer echten Prinzessin zu erfahren. Und die Väter? Die müssen hier einfach einmal ganz tapfer sein ... [Kaiserin-Elisabeth-Museum, Bahnhof Possenhofen, Schlossberg 2, Tel. 08157-92 59 32, sisi-museum@web.de, www.kaiserin-elisabeth-museum-ev.de, Mai-Mitte Okt Fr/Sa/So u. Fei 14-18 Uhr, Erw. € 4, Kinder (6-14 J.) € 1].

Hier kam das Kasperle Larifari zur Welt

Nun geht es vorbei an Feldafing nach **Tutzing**, der nächsten Haltestation, wichtig für den späteren Besuch der „Rosen-

Schloss Possenhofen: Wo Kaiserin Sisi ihre Kindheit verbrachte

> **„Mach kein Larifari ..."**
> Sicher kennt man auch in Ihrer Familie den Spruch „Mach kein Larifari" oder „Das ist doch Larifari", wenn jemand Unsinn daherredet oder anstellt. Dieser Redewendung zugrunde liegt das **Kasperl Larifari**, erfunden vom „Kasperlgraf" Pocci. Es ist eine Figur mit allerlei dunklen Seiten, ein Trickser, Blender und Angeber. Larifari konnte kein ordentlicher Mensch werden, denn er hatte keine Eltern und wuchs in keiner intakten Familie auf. Ein Magier hatte ihn in ein goldenes Ei gezaubert, das er dann einer Henne zum Ausbrüten gab. Kein Wunder, dass Larifari ein Hanswurst blieb, ein Taugenichts, der nie richtig erwachsen wurde.

morrhoidarios", unterstützte „Papa" Schmid bei der Gründung des Münchner Marionettentheaters und erfand das Kasperl Larifari, eine Gestalt mit Fehlern und Schwächen (s. Kasten und S. 8).

Schöne Strände, lockendes Museum

Weiter südlich von Ammerland verändert sich die Uferlandschaft, grüne Wiesen, riesige Eichen, Strände mit Stegen verlocken zum Bad. Es ist das **Erho-**insel", wo sich Sisi mit König Ludwig II. getroffen haben soll (s. S. 81). In Tutzing findet sich eines der schönsten Bäder am See, das Südbad. Doch wir fahren weiter, wieder mal quer rüber zum Ostufer. Schon von Weitem leuchtet das direkt am Ufer stehende **Schloss Ammerland** mit seinen zwei Zwiebeltürmen. Diesmal nichts mit Ludwig oder Sisi, es war ein bischöfliches Lustschloss. Doch eine andere Berühmtheit nutzte es drei Jahrzehnte lang als Sommersitz: Franz Graf von Pocci (1807-76, sprich: Potschi). Das Allround-Genie war Kunstfreund, Maler, Komponist und Literat. Von ihm stammt das Lied „Wenn ich ein Vöglein wär ..." Er karikierte die Beamten als „Staatshä-

> ### Königliche Prunkschiffe
> Mit welchem Aufwand die bayerischen Könige ihre Schifffahrt pflegten, vermittelt das **Museum Starnberger See** zunächst anschaulich mit einem kurzen Film. Dann geht es zu den Originalen, z.B. zum zwei Etagen einnehmenden Prunkschiff „Delphin", getauft nach seiner hölzernen Bugfigur. Weitere Bugfiguren schmücken den Rundgang, abwechselnd mit historischen Gemälden. Sehr sehenswert ist auch der ans Museum angegliederte Bauernhof Lochmann, der adelige und bäuerliche Wohnwelten zeigt. Possenhofener Str. 5, 82319 Starnberg, Tel. 08151-447 75 70, info@museum-starnberger-see.de, www.museum-starnberger-see.de, Di-So 10-17 Uhr, Erw. € 3, Kinder (6-15 J.), Schüler, Studenten, Rentner € 2, Familienticket (Eltern u. eigene Kinder) € 7.

lungsgebiet **Ammerland**, das sich bis **Ambach** ausdehnt (s. S. 24). Und wieder wechselt das Schiff die Richtung, nimmt Fahrt auf nach **Bernried**, dessen berühmtes **Buchheim Museum der Phantasie** (s. S. 92) wie ein überdimensionales Sprungbrett Richtung See strebt. Den Besuch des für Kinder ereignisreichen Hauses sollte die Familie extra einplanen, dann vielleicht mit dem Museumsschiff „Phantasie", auf dem die kleinen Passagiere bereits auf den Museumsbesuch eingestimmt werden.

Bummel auf Sisis Roseninsel

Der südlichste Punkt der Rundfahrt ist erreicht, Seeshaupt, wieder ein beliebter Urlaubsort. Wir aber kehren mit dem Schiff um, wollen schnell Tutzing erreichen, ein Abstecher zur **Roseninsel**, ein neues Erlebnis wartet. Marsch, marsch zur S-Bahn (knapp 1 km). Nach nur wenigen Minuten hält sie im nächsten Bahnhof: **Feldafing**. Rund zwei Kilometer sind es bis zum Landesteg der „Plätte", einem überdachten Holzboot [Mai u. 16. Sep-Mitte Okt 11-18, Juni-15. Sep 10-18 Uhr, hin u. zurück, Erw. € 4, Kinder (3-16 J.) € 2]. Fährmann Norbert Pohlus stimmt auf den 200 Metern schon einmal auf das Eiland ein, während Dackel Lilly Lotse spielt.

Ein Spaziergang kreuz und quer über die Roseninsel ist entspannend, die Kinder haben Auslauf. Zwangsläufig trifft man sich im duftenden Rosengarten mit der blauen Glassäule oder im alten Gärtnerhaus mit kleinem Museum, das die Geschichte der Insel erzählt, die bis zur ersten Besiedlung am See vor 6.000 Jahren zurückgeht. Wer mehr über die Insel und ihre königlichen Besucher erfahren möchte, sollte sich einer Führung im sogenannten **Casino** anschließen [Di-So 12-18 Uhr, Erw. € 3, über 65 J. € 2, bis 18 J. frei]. Kaiserin Elisabeth floh gerne an diesen Ort, um einmal frei zu sein von den Regeln des kaiserlichen Hofes. In diesem Punkt war sie seelenverwandt mit ihrem Cousin Ludwig II., den sie oft auf der verträumten Insel getroffen hat.

Oberbayerns Fünf-Seen-Land

Außer dem Starnberger See gehören zur berühmten Urlaubsregion **Fünf-Seen-Land** der Ammer-, der Wörth- und der Pilsensee sowie der Weßlinger See. Seerundfahrten gibt es auch auf dem **Ammersee**, teils sogar mit einem Raddampfer [Schifffahrt Ammersee, Landsberger Str. 81, 82266 Inning (Stegen) Tel. 08143-940 21, ammersee@seenschifffahrt.de, www.seenschifffahrt.de]. Rundtouren mit dem Fahrzeug sind im Sommer wegen zu starken Verkehrs nicht zu

Das Casino auf der blühenden Roseninsel im Starnberger See

> ### Nicht nur für die Seele, auch für den Leib
>
> **Andechs** ist nicht nur ein Kloster, sondern auch ein Wirtschaftsgut, das sich selbst finanziert mit Brauerei, Restaurants, Metzgerei und Brennerei. Bayerische Küche wird im Bräustüberl mit Selbstbedienung und Terrasse (tägl. 10-20) und im Klostergasthof (tägl. 10-23 Uhr) geboten. Die Schmankerl sind zu günstigen Preisen zu haben: Leberkäs (250 g) € 3,50, Kartoffelsalat € 1,65, Kinderteller (Malbuch, 3 Miniwiener, 1 Minibrezn) € 1,80.

empfehlen. Die Anreise ist ab München mit der Schnellbahn S 5 möglich (Station Herrsching). Und wer Herrsching sagt, der muss auch **Andechs** sagen. Das Bierkloster ist vom Ort aus zu Fuß oder mit dem Bus erreichbar. Der Kirchenbesuch ist vor allem mit Führung aufschlussreich [Bergstr. 2, 82346 Andechs, Tel. 08152-37 60, info@andechs.de, www.andechs.de, Mitte April-Mitte Okt Mo-Sa 12, So 12.15 Uhr nach der Messe, Eintr. frei; Anf.: S 5 bis Herrsching, dann zu Fuß auf den Berg, ausgeschildert, oder mit dem Bus, Ammersee Reisen, Fa. Rauner, einf. € 2.20].

Für Naturliebhaber empfiehlt sich das naturbelassene Westufer des Ammersees mit vielen romantischen Naturbadeplätzen. Bei einem Spaziergang durch die größte Seegemeinde **Dießen** im Süden des Ammersees gibt es eine Seltenheit zu entdecken: **Deutschlands älteste Kleinzinngießerei** (seit 1796). Hier kann man nicht nur Zinnsoldaten erstehen, sondern auch viele andere Souvenirs. Das originelle „Zinncafé" bietet u.a. Kaffee und Kuchen [Zinngießerei Babette Schweizer, Herrenstr. 17, 86911 Dießen, Tel. 08807-350, info@schweizerzinn.de, www.schweizerzinn.de, Mo-Fr 9-18, Sa 9-16 Uhr].

Der drittgrößte Badesee im Fünfer-Pack ist der **Wörthsee**. Er ist bei Familien beliebt wegen seinen vielen Liegewiesen mit Baumschatten. Südlich davon liegt der **Pilsensee**, ein naturgeschütztes Kleinod, im Westen mit großer Schilfzone, im Osten mit kleinem ausgebauten Ufer für Familienbadefreuden. Der Zwerg im Fünf-Seen-Land ist der **Weßlinger See**, im Sommer ist er allerdings recht überlaufen.

> ### Schnitzel-Restaurant mit Kinderspielplatz
>
> Die **Pfeffermühle** in Riederau zwischen Dießen und Utting ist berühmt für ihre große Schnitzelauswahl. Dienstags gibt es das auf unterschiedliche Art zubereitete Fleisch bei freier Wahl für € 6,50. Zum Betrieb gehört eine gemütliche Terrasse mit Kinderspielplatz. Restaurant Pfeffermühle, Seiboldstr. 23, 86911 Dießen (Riederau), Tel. 08807-20 68 47, info@pfeffermuehle-riederau.de, www.pfeffermuehle-riederau.de, Di-Sa ab 17, So von 11-14 u. ab 17 Uhr.

Tour 10: Wovon kein Mensch glaubt, dass das Oberbayern ist

Eichstätt • Beilngries • Neuburg an der Donau • Ingolstadt • Wolnzach

Wo: südlich der A6 Heilbronn-Nürnberg, gleich nach dem Landesteil Franken – Wie: mit dem Auto, Ingolstadt ab München auch mit der Bahn – Dauer: Tagestour – Nicht vergessen: Auto-Atlas, Kamera

Der nördlichste Teil Oberbayerns hat nichts mehr mit Gamsbart, Schuhplattler und Kniebundhosen zu tun, dieser Teil ist von Politikern von Napoleon bis Franz-Josef Strauß eingegliedert, zurechtgerückt und umgebogen worden. Das Altmühltal war lange eher oberpfälzisch ausgerichtet. In Eichstätt und Beilngries wird fränkisch gesprochen. Und Neuburg an der Donau wiederum tendiert mehr nach Schwaben. Für Urlauber bedeutet das, dass sie hier anderen Menschen begegnen, eher mit dem fränkischen Dialekt umgehen müssen und auch geologisch andere Aspekte vorfinden [Tourist-Information, Domplatz 8, 85072 Eichstätt, Tel. 08421-600 14 00, www.eichstaett.info].

Malerisches Eichstätt mit der Willibaldsburg, Heimat des Archaeopteryx

Zum Archaeopteryx und zum Juravenator starki

Wenigstens eine Ehrenrunde sollte der Bischofsstadt **Eichstätt** gehören, auch wenn der kleine Urvogel, der Archaeopteryx, der auf der **Willibaldsburg** auf die Besucher wartet, noch so sehr lockt. Besichtigen Sie mindestens im **Dom** (11.-16. Jh.) den Hochaltar mit neugotischem Schrein, in seiner Mitte Maria mit Kind [tagsüber geöff., Tel. 08421-500]. Im Westflügel des gotischen Keuzgangs befindet sich das Mortuarium (1480-1510). Wunderbar das Netzgewölbe der zweischiffigen Halle. Unter den bunten Glasfenstern fällt besonders das „Jüngste Gericht" von 1505 auf: Ein fürchterliches Ungeheuer greift nach Bürgern aus allen Schichten – und sogar nach einem Papst! Dann aber geht es über die Burgstraße hoch zur Burg, deren Tore und Befestigungsgürtel kaum beachtet werden, birgt das Innere des prächtigen Bauwerks doch gleich zwei wichtige Museen: das **Museum für Ur- und Frühgeschichte** sowie das spektakuläre **Jura-Museum Eichstätt** [Jura-Museum, 85072 Eichstätt, Tel. 08421-29 56, Sekretariat@Jura-Museum.de, www.jura-museum.de; Museum für Ur- und Frühgeschichte, Tel. 08421-29 56, www.museum fuerurundfruehgeschichte.de; beide Museen Di-So, April-Sep 9-18, Okt-März 10-16 Uhr, Eintritt für beide Museen Erw. € 4, bis 18 J. frei, ab 65 J. und Studenten € 3]. Da staunen die Erwachsenen: Die jungen Fans sprechen die Namen der Urzeit-Funde aus, als seien es ganz gewöhnliche Tiere. Die Urgeschichte hat das junge Volk gepackt, die Begeisterung in den Museumsräumen ist unüberhörbar. Bei der Zeitreise 150 Millionen Jahre zurück in eine tropische Landschaft mit Riffen und Lagunen wird zuerst der kleine Urvogel (Archaeopteryx lithographica) in seinem neuen Saal besucht. Hier ist die gesamte Entwicklung bis zu unseren heutigen Vögeln ausgebreitet. Als Konkurrent spielt sich der wendige Juravenator starki auf, ein Raubdinosaurier: Der

Beliebtes Foto-Motiv der Kinder: Modell eines Urvogels

Zehn Touren, die allen Spaß machen | 85

> ### Auf Felsen kraxeln bei Asterix und Obelix
> *Südwestlich von Eichstätt, in der Nähe von Wellheim, liegt das **Klettergebiet von Konstein und Aicha**. Die Jurafelsen bieten Strecken in allen Schwierigkeitsgraden, auch Profis kommen hierher, um zu trainieren. Für junge Kletterer wurden im Winnetou-Kessel die Felsen „Asterix" und „Obelix" hergerichtet. Sie sind absolut sicher, hier kann sich niemand wehtun. Und wer keine Lust hat, sich am Fels zu messen, findet ausreichend Spielmöglichkeiten. Die Kletterfelsen sind vom Parkplatz Aicha aus leicht erreichbar: in den Wald, geradeaus auf festem Weg hoch zur Münchner Wand und links vorbei zum Winnetou-Kessel. Von Konstein aus kommend einfach der Ausschilderung folgen.*

junge zweibeinige „Jurajäger" mit seinen kräftigen Krallen an Händen und Füßen, gerade mal 62 Zentimeter groß, hat ebenfalls eine große Anhängerschaft. Fast scheint es, als ernteten die Winzlinge unter den Fossilien mehr Aufmerksamkeit als die Riesen der Urwelt. Doch, plötzlich, beim Blick nach oben an die Decke wird ein Flugsaurier aus der Kreidezeit entdeckt: Er passt mit seinen elf Metern Flügelspannweite gerade noch in den Ausstellungsraum. Weitere Riesen, diesmal aus dem Meer, im großen Saal: ein Raubfisch, aus dessen Maul die Schwanzflosse eines erbeuteten Fisches ragt, gegenüber der Caturus giganteus (ein Raubfisch) mit einem fast zwei Meter großen Gebiss. Fürchterlich! Nebenan bei der Ur- und Frühgeschichte geht die Spannung noch einmal weiter. Spektakulär sind die Tierskelette von Mammut, Höhlenhyäne und Rentier sowie das Großmodell des römischen Kastells Pfünz mit 500 Zinnfiguren.

Beilngries: Neun Türme blieben stehen

32 Kilometer nordwestlich von Eichstätt, schon fast im Fränkischen, direkt am Main-Donau-Kanal, liegt die Bilderbuch-Stadt **Beilngries** [Touristikverband, Hauptstr. 14, 92339 Beilngries, Tel. 08461-84 35, tourismus@beilngries.de, www.beilngries.de]. Die Stadtmauer gibt es zwar nur noch in Bruchstücken, aber neun Türme, die eine sehenswerte Altstadt begrenzen, haben die Zeit überstanden. Am Rande des Zentrums, zwischen Bürger- und Sauhüterturm, steht der wichtigste Sakralbau der Stadt, die **Frauenkirche** [Ecke Hauptstr./Eichstätter Str., im Sommer ganztags geöff.]. Dort werden die Besucher von einem kuriosen Grabstein angezogen, der wohl einmalig ist in seiner Art: Ein achtjähriger Junge kniet betend vor dem Gekreuzigten, während Gevatter Tod als Knochenmann mit Pfeil und Bogen auf ihn zureitet. Welch morbides Kindergrab.

Neuburg an der Donau: Ottheinrichs prächtiges Residenzschloss

Gut 20 Kilometer westlich von Ingolstadt liegt **Neuburg an der Donau** [Tourist-Information, Ottheinrichplatz A 118,

Das Schloss von Neuburg an der Donau beherbergt zahlreiche Museen

86633 Neuburg an der Donau, Tel. 08431-552 40, tourist@neuburg-donau.de, www.neuburg-donau.de]. Der Fluss ist sauber geworden, die Fische sind wieder da im klaren Donauwasser. In der historischen Altstadt begegnen die Besucher bei einem Rundgang einer Vielzahl von Baustilen: Renaissance, Barock und Rokoko. Über die Dächer der Stadt erhebt sich das vom mächtigen Pfalzgrafen Ottheinrich (1502-59) erbaute **Residenzschloss** [Schlossverwaltung Neuburg, Residenzstr. 2, 86633 Neuburg, Tel. 08431-644 30, svneuburg@bsv.bayern.de, www.schloesser.bayern.de, Di-So, April-Sep 9-18, Okt-März 10-16 Uhr, Erw. € 5, bis 18. J. und ab 65 J. frei]. Der Renaissancefürst aus dem Hause Wittelsbach war lebensfroh, kunstsinnig und aufgeschlossen für Neuerungen. So führte er z.B. 1542 die Reformation ein und baute den ersten protestantischen Kirchenbau Deutschlands, die mit Fresken geschmückte Schlosskapelle. Wie mächtig er auch an Leibesfülle war, lässt sich an seiner ausgestellten Strickweste nachvollziehen, in der mehrere Kinder Platz fänden: Brustumfang 235 Zentimeter. Ernsthaftere Betrachtungen werden im zweiten Stock im Großen Saal (50 mal 17 Meter) geboten. Freunde der flämischen Barockmalerei haben in der **Staatsgalerie** die einmalige Gelegenheit, 160 Meisterwerke aus der Zeit von Peter Paul Rubens zu bewundern. Besonders beeindruckend sind aus dem Jahre 1610 eine „Anbetung der Hirten" sowie eine „Ausgießung des heiligen Geistes". Neben Rubens sind auch die flämischen Maler Anthonis van Dyck und Jacob Jordaens vertreten.

Ingolstadt: verkannte Schönheit mit vielen Facetten

Die Stahltürme und Schornsteine von Kraftwerken und Raffinerien, die man von der Autobahn Nürnberg-München in Höhe von **Ingolstadt** sieht, geben ein falsches Bild vom ehemaligen Hauptort des Humanismus, wo Dr. Johannes Eck, Luthers größter Gegner, die Gegenreformation einleitete. Fahren Sie hier unbedingt ab und schauen Sie sich die Stadt genauer an [Tourist Information Altes Rathaus, Rathausplatz 2, 85049 Ingolstadt, Tel. 0841-305 30 30, info@ingolstadt-tourismus.de, www.ingolstadt-tourismus.de].

Die **Altstadt**, im 13. Jahrhundert parallel zur Donau angelegt, wird geprägt von der **Ludwig- und der Theresienstraße** (s. Kasten), am einen Ende steht mit 19 Geschützen im Hof das Neue Schloss, am anderen Ende das mit vier Ecktürmchen geschmückte Kreuztor, ein schöner Rohziegelbau (1385-1434). Vor dem Tor ragt das spätgotische **Münster** (tagsüber immer geöff.) in den Himmel, an dessen Westseite die über Eck gestellten hohen Türme Nackenschmerzen beim Hinaufschauen verursachen. Die beinahe 600 Jahre alte gewaltige dreischiffige Staffelhalle wird von allen Generationen mit Bewunderung durchschritten. Nach dem Eingang wird links in einem Video per Knopfdruck der Bauvorgang kinderleicht erklärt. Anziehungspunkt aber ist der prächtige Hochaltar, dessen 91 Bildtafeln viel Zeit beanspruchen, will man ihre Themen genau betrachten.

Etwas abseits – vom Münster über die Konviktstraße zur Jesuitenstraße – liegt ein Schatzkästlein der besonderen Art: der **Bürgersaal St. Maria de Victoria** [Jesuitenstr./Ecke Neubaustr. 1, Tel. 0841-175 18, März-Okt Di-So 9-12 u. 13-17, Nov-Feb Di-So 13-16 Uhr, Mai-Sep auch Mo geöff., Erw. € 2, Kinder bis 16 J. frei, Schüler, Studenten, Rentner € 1]. Das Meisterwerk des Barockkünstlers Cosmas Damian Asam ist aus mehreren Gründen bewundernswert: einmal wegen des mit 42 mal 16 Metern weltweit größten Flachdecken-Freskos (Mensch-werdung des Herrn), zum anderen aufgrund der raffinierten perspektivischen Meisterleistung, die Eltern und Kinder garantiert zu mehreren Rundgängen verleiten wird.

Ein kleiner Kreis auf dem Boden zeigt die Stelle, von der aus auf der rechten Seite die riesige Pyramide von Ramses II. zu sehen ist. Geht man aber vor oder zurück, zerfällt sie zu einem Trümmerhaufen. Nahe dem Eingang auf der linken Seite zielt ein schwarzer Bogenschütze auf uns, wir können ihm nicht entweichen. Spektakulär aber ist dort der Elefant ganz in der Ecke. Der bayerische Künstler Asam hatte noch nie einen Elefanten in natura gesehen. Deshalb geriet er zu kurz, vor allem die Beine, deren Füße zudem noch Krallen haben. Der Elefant schaut uns an, verfolgt uns mit seinen Blicken bis zum Altar, und wenn wir direkt unter ihm stehen, blickt er uns gerade ins Gesicht und scheint uns sagen zu wollen: Ätsch, ihr entkommt mir nicht.

Ingolstadt ist aber ebenfalls Industriestadt, Standort von **Audi**, Arbeitgeber für 33.000 Menschen. Das moderne Automobilwerk lädt Familien ein und bietet ihnen ein reiches Unterhaltungspro-

> ### Fress- und Shopping-Meile
> Rund um die breite Fußgängerzone der Ingolstädter **Ludwig- und Theresienstraße** gibt es alles, was das Herz begehrt. Eine gute Wirtschaft ist das **Weißbräuhaus zum Herrnbräu** (Dollstr. 3, Tel. 0841-328 90, tägl. 9-24 Uhr). Preiswert und große Portionen: Wurstsalat mit Brot (€ 5,80), Tellersülze mit Bratkartoffeln (€ 6,70), Leberkäs mit Kartoffel- und Krautsalat (€ 7,50), gemischtes Eis mit Sahne (€ 3,50), 1 l Apfelsaftschorle oder 1 l Bier je € 2,60. Auch für Spielzeug und kleine Geschenke ist die Theresienstraße eine gute Adresse: s'Zuckerl (Nr. 14) bietet Süßes, Schöner spielen (Nr. 22) und Hand in Hand (Nr. 27) viel Holzspielzeug. Alle geöffnet Mo-Fr 9.30-18, Sa bis 16 Uhr.

gramm inklusive eines Museums, das die Herzen aller Autofans höherschlagen lässt (s. S. 103).

Wolnzach: Hopfen und Malz ...

Bei der Fahrt von Ingolstadt nach Süden fallen die **Hopfengärten** mit ihren haushohen Stangen auf. Wir befinden uns in der Hallertau oder Holledau, einem Hopfengebiet. Zwischen Juni und September klettern hier bis zu acht Meter lange Triebe in die Höhe und werden die gelbgrünen, zapfenartigen Blüten geerntet. Sie geben dem Bier seinen beliebten bitteren Geschmack. Mittendrin im größten zusammenhängenden Hopfenanbaugebiet der Welt (!) liegt das kaum bekannte Städtchen **Wolnzach** mit dem **Deutschen Hopfenmuseum** [Elsenheimerstr. 2, 85283 Wolnzach, Tel. 08442-75 74, info@hopfenmuseum.de, www.hopfenmuseum.de, ganzj. Di-So 10-17 Uhr, Erw. € 5, Kinder (6-18 J.) € 1, Studenten € 2,50, Familien (2 Erw. mit Kindern) € 8]. Dem Museum sieht man die Absicht schon von außen an, es ist einem echten Hopfengarten nachempfunden. Was es da alles zu sehen gibt, ist kaum zu glauben. Doch bevor die Familie zur Besichtigung schreitet, sollten Kinder den Einführungsfilm aus der Sicht eines Detektivs anschauen (20 Min.). Empfehlenswert ist auch die Audio-Führung „Mit den Ohren sehen" (€ 1). Die Texte wurden von Schülern aus Wolnzach extra für junge Besucher geschrieben und gesprochen. Hinzu kommt eine lehrreiche Museumsrallye mit Rätseln und Spielen. Dabei werden alle Sinne gefordert: Der Geruch des Hopfens soll von anderen typischen Düften unterschieden, die Eigenarten der Hopfendolde durch Anfassen ertastet, das Brot, das Hopfen enthält, aus mehreren Proben herausgeschmeckt werden. Und das geht gerade so weiter. Auch die Erwachsenen machen fleißig mit. Doch wenn die Väter meinen, ihnen allein stünde das Privileg zu, das Hopfen-Endprodukt, das süffige Bier, zu testen, haben sie sich getäuscht: Den jungen Hopfenbauern wird im Museum ein „Hopfenzupferbier" für Kinder aus alten Bügelflaschen serviert.

Abenteuerpark für die ganze Familie

Nach einem langen Museumsbesuch bietet Wolnzach spielerische Bewegung in alle Richtungen im in einer gigantischen Traglufthalle aufgebauten **Hallertau-Park** [Stanglmühle 7-9, 85283 Wolnzach, Tel. 08442-95 64 65, info@hallertau-park.de, www.hallertau-park.de, Di-Fr 14-19, Sa/So/Feiertag sowie bayerische Schulferien 11-19 Uhr, Erw. € 9,90 (Benutzung Hüpfburgen, Bungee etc.), mit Hochseilgarten, Seilbahn, Segway € 14,50, nur Eintritt € 5 (inkl. 1 Softdrink), Kinder € 9,90 (außer Krabbelkinder), € 4,60 extra für Seilbahn und Segway].
Eindrucksvoll ist schon die Konstruktion: Die Halle wird mit einem Überdruck von 0,03 atü getragen, das knackst anfangs im Ohr. Nicht minder spannend sind jedoch die Attraktionen: viele Hüpfburgen in Plastik-Ungetümen, Rutschen, Kinder-Bungee, Trampolin, Fußball, See mit schwankenden Pontons, Kinderkarussells, getrennter Hochseilgarten (ab 6 J. und Mindestgröße von 1,20 m), Kletterlabyrinth auch für jüngere Kinder (mit Netzen abgesichert), Liegen am Sandstrand, günstige Restaurant-Preise.

DIE TOLLSTEN ATTRAKTIONEN FÜR KINDER

Mensch, Natur – und Bruno

Das Münchner Museum Mensch und Natur ist völlig in der Hand der Kinder: Der Geräuschpegel, die Begeisterungsschreie und die spielerisch Tasten bedienenden Finger beweisen dies jeden Tag aufs Neue. Doch auch die Erwachsenen brauchen in der Regel nicht erst den Hinweis „nicht nur für Kinder", um in diesem interaktiven Museum in Wettbewerb mit ihren Sprösslingen zu treten. Und so wird der Museumsbesuch hier schnell zum spannenden Familienspiel, getreu dem Motto „Lernen nach dem Prinzip von Versuch und Irrtum".

Begeisternde Naturkunde zum Anfassen gibt es sowohl in der „Bunten Welt der Minerale" – hier werden Sammler geboren – als auch im Bereich „Geschichte des Lebens". Am Modell der „Gläsernen Frau" können kleine Anatome alle Organe durch Knopfdruck sichtbar machen; allgemeine Konkurrenz herrscht am Schaukasten mit den Pflanzen-, Fleisch- und Allesfressern. Wer hat hier die Nase vorn, wenn es darum geht, die richtigen Namen der Tiere zu erraten? Spannend! Bei einem Blick in die Vergangenheit erfährt die staunende Familie in einem anderen Raum, dass vor 15 Millionen Jahren in Bayern Krokodile, Elefanten und riesige Schildkröten lebten. Getoppt werden alle Attraktionen in diesem Museum der besonderen Art allerdings durch Bruno, den (Problem-)Bären, der 2006 ganz Bayern in Atem hielt. Das Präparat von Meister Petz, der sich an Honigwaben labt, ist regelmäßig umlagert von staunenden und traurigen Kindern, die im Anschluss an die Besichtigung mit Zetteln an einer Pinnwand unmissverständlich kundtun, was sie vom Abschuss des großen Tieres halten. Nachdem das wissenschaftliche Interesse befriedigt ist, empfiehlt sich ein entspannter Spaziergang durch den wunderschönen Park des Schlosses Nymphenburg, um die vielen Eindrücke zu verarbeiten.

Im Museum Mensch und Natur werden Kinder zu kleinen Wissenschaftlern

Museum Mensch und Natur, *Schloss Nymphenburg, 80638 München, Tel. 089-179 58 90, museum@musmn.de, www.musmn.de, Di-Fr 9-17, Do 9-20, Sa/So/Fei 10-18 Uhr, Erw. € 3, Studenten u. Rentner € 2, So € 1, unter 18 J. frei. Buggy-Abstellplatz, Cafeteria, Picknickplatz drinnen und draußen auf der Wiese, in der Ausstellung Ruhebänke für müde Entdecker.* **Anfahrt**: *Bus 51, Tram 17, Parkplatz am Schlossrondell.*

Froschkönig und andere putzige Tierchen

Im Schongauer Märchenwald und Tierpark geht wirklich die Post ab. Die Jugend verstreut sich auf dem großen Areal, lauscht an den Märchenhütten den Erzählungen, dreht ein paar Runden mit der Märchenwald-Bahn (im Eintrittspreis enthalten) oder flitzt mit dem Autoskooter los (€ 0,50/Fahrt). Am Ende treffen sich alle am Tierpark wieder. Hier leben putzige Hasen und Meerschweinchen in einem eigens für sie angelegten pittoresken Dorf (in den Ferien kann man sein eigenes Haustier hier sogar gegen Gebühr in Pension geben!), schnattern die Enten auf dem Forellenteich und warten Ziegen, Schafe, Esel, Wildschweine, Hängebauchschweine, Landschildkröten und allerlei Arten von Federvieh auf die Zuneigungsbekundungen der großen und kleinen Gäste.

*Schongauer Märchenwald und Tierpark, Dießener Str. 6, 86956 Schongau, Tel. 08861-75 27, info@schongauer-maerchenwald.de, www.schongauer-maerchenwald.de, tägl., April 10-18, Mai-Sep 9-19, Okt 10-18, bayer. Herbstferien 10-17, Nov-März Sa/So 10-17 Uhr, Erw. € 4,50, Kinder (2-14 J.) € 4. Buggy-geeignet, Gaststätte, Brotzeitecke für Selbstversorger. **Anfahrt**: von Landsberg auf der B 17, Ausf. Marktoberdorf/Kempten, B 472 bis Peiting, dann ausgeschildert.*

Auf großer Fahrt mit der Märchenwald-Bahn

Familien-Tipp: Buchheim Museum der Phantasie

Kunst, was ist denn das? Über diese Frage nachzudenken, das ist es, wozu das Buchheim Museum der Phantasie die ganze Familie anregen will. Im Museum rennen auch die Jüngeren wahlweise begeistert oder nachdenklich von Bild zu Bild. Im Museum des Sammlers, Künstlers und Buchautors („Das Boot") Lothar-Günther Buchheim (1918-2007) wird eine unkonventionelle Herangehensweise an die Kunst praktiziert, die dem offenen und neugierigen Geist von Kindern sehr entgegenkommt. Ausstellungsgegenstände der unterschiedlichsten Art – vom expressionistischen Gemälde über afrikanische Skulpturen bis hin zum banalen Alltagsgegenstand – stehen nebeneinander und mischen sich wie in einem Kaleidoskop zu immer neuen Eindrücken. Die „Blätter-Menagerie" von Ditti, der Ehefrau Buchheims, soll Kinder explizit dazu ermutigen, sich jenseits aller Konventionen und Methoden künstlerisch zu betätigen. Besonders begeistert sind kleine Museumsbesucher in der Regel von der selbst gebastelten Zirkus-Abteilung des Museumsgründers.

Am Ende eines bunten und an visuellen Eindrücken reichen Tages auf dem schönen Gelände des Buchheim Museums am Starnberger See haben die Erwachsenen in der Regel einen neuen Blick auf Kunst und Natur bekommen. Für die Kinder stellt der Museumsbesuch nicht selten den ersten Schritt hin zu einer freudigen und autarken Beschäftigung mit Kunst dar – immer in dem Selbstverständnis, dass einem fantasievollen künstlerischen Geist nichts verboten ist.

Buchheim Museum der Phantasie, *Am Hirschgarten 1, 82347 Bernried, Tel. 08158-997 00, www.buchheimmuseum.de, Di-So/Feiertag, April-Okt 10-18, Nov-März 10-17 Uhr, Erw. € 8,50, Kinder (6-17 J.) € 3,50, bis 5 J. frei, Familienticket (2 Erw. u. 3 Kinder) € 18. Mit Restaurant und Terrassen-Café, Tel. 08258-25 93 93.* **Anfahrt:** *mit der S 6 bis Tutzing, dann Bus Richtung Penzberg (Di-Fr) o. S 6 bis Starnberg und dann weiter mit Schiff oder Bahn bis Bernried, von da aus 10 Min. zu Fuß; mit dem Auto A95, Ausf. Seeshaupt bis Bernried, dann gut ausgeschildert, großer Parkplatz.*

Und das soll Kunst sein? Warum nicht!

Morgendusche unter Felsen

Hobby-Geologen aufgepasst, so hat es angefangen: Vor 240 Millionen Jahren lagerte sich Muschelkalk im flachen Meer ab. Durch den Druck der Kontinentalplatten wurde das unter dem Meer liegende Gebirge hochgehoben. Wasser, Sturm und Gletschereis erodierten in Millionen von Jahren die weicheren Schichten, hartes Gestein blieb stehen, wilde Bäche gruben sich immer tiefer in die Muschelkalk-Schicht und bildeten so die heute 86 Meter tiefe Partnachklamm.

Die spannende Besichtigung fängt mit dunklen Tunnel an. Glücklich, wer hier eine Taschenlampe hat. Dann kommt man an überhängenden Felsen und Galerien vorbei, es tropft und trieft von oben: eine wahre Morgendusche. Von unten dröhnt und rauscht der wilde Bach. Eine Kurve weiter wetzen und schaben Stromschnellen am Fels, später zerstäuben Fälle das Wasser und Lichtreflexe zaubern Regenbogen. Im Winter steht die ganze Familie staunend vor bizarren Eisgebilden, Dolchen und Bärten, die von den Felsen herabhängen. Nach 800 Metern verwandelt sich der Wildbach Partnach dann in einen zahmen Fluss, an dessen Ufern sich die Wandergesellschaft zur Rast niederlässt, um das Erlebnis zu verdauen. Danach geht es noch ein Stück geradeaus, dann nach links aufwärts durch den Wald. Die Anstrengung des schweißtreibenden Aufstiegs ist bei einer verdienten Rast auf der Terrasse des Forsthauses Graseck mit grandiosem Blick auf das Wettersteingebirge jedoch schnell wieder vergessen. Später bringen die engen Kabinen der Graseck-Seilbahn die Gäste wieder hinunter zum Klamm-Einstieg.

Hier trieft und tropft es von oben: Regenjacke nicht vergessen!

Partnachklamm, *Garmisch-Partenkirchen, 25 Gehminuten vom Olympia-Skistadion entlang der Partnach flussaufwärts, www.partnachklamm.eu, Mai-März, Sommer 8-18, Winter 9-17 Uhr, Erw. € 2, Kinder (6-16 J.) € 1, Graseckbahn einfach € 3.50/2.50 (Kinder 6-16 J.).* **Anfahrt:** *von München auf der A95, dann B2 über Oberau, in Garmisch-Partenkirchen B2 Richtung Mittenwald, am Ortsausgang nach rechts zum Skistadion. Dann entweder zu Fuß (s.o.) oder mit Pferdekutsche bzw. Pferdeschlitten zur Klamm (einf. bis 4 Pers. € 12, weitere Gäste je € 3, Kinder bis 10 J. 50 %).*

Blomberg: Deutschlands längste Sommerrodelbahn

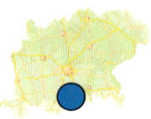

1.286 Meter misst die Sommerrodelbahn am Blomberg. Hier regiert der Steuerknüppel, der Tollkühnen Blitzfahrten erlaubt, den Vorsichtigen aber rechtzeitig das Bremsen ermöglicht vor den 17 Steilkurven und 40 Schikanen. Auffi geht es mit der Doppelsesselbahn bis zur Mittelstation, dort wird jedem Sausewind ein Sommerrodel verpasst. Kinder ab acht Jahren dürfen den schnellen Schlitten alleine benutzen, jüngere Kinder erleben das Tempogefühl auf dem Schoß von Eltern oder Großeltern.

Während nimmersatte Rodler im Winter auf die 5,5 Kilometer lange Winterrodelbahn ausweichen können (s. S. 125), wartet das ganze Jahr über der Blomberg-Blitz auf wagemutige Draufgänger. Die Alpen-Achterbahn läuft auf Schienen, ist 500 Meter lang und kommt auf ein rasantes Tempo von bis zu 40 Stundenkilometern. Schon Achtjährige dürfen am Rennwettbewerb teilnehmen.

*Freizeitgebiet Blomberg, Am Blomberg 2, 83646 Bad Tölz (Wackersberg), Tel. 08041-37 26, info@blombergbahn.de, www.blombergbahn.de, Doppelsesselbahn und Sommerrodelbahn bei trockenem Wetter März-Anfang Nov 9-18/16 Uhr, Auffahrt Mittelstation und Rutschen Erw./Kinder (3-14 J.) € 4/3, Einzelfahrt mit Blitz € 4/3,50. **Anfahrt**: über die A8, Ausf. Holzkirchen, B13 Richtung Bad Tölz oder über die A95, Ausf. Sindelsdorf, B472 Richtung Bad Tölz.*

Und ab gehts, den Berg hinunter!

Nach Edelsteinen suchen: Freizeitpark Ruhpolding

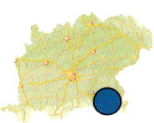

Der Freizeitpark Ruhpolding liegt mitten im Wald und hat jede Menge zu bieten: ein altes Sägewerk, Baumhäuser, ein Kettenkarussell, Kinder-Motorräder und eine niedliche Eisenbahn. Für ganz Mutige gibt es die 18 Meter hohe Fallrutsche. Höhepunkt aber ist unzweifelhaft das unterirdische Kristallbergwerk, in dem fleißige Wichtelmänner unermüdlich arbeiten, während eifrige Menschlein durch Stollen kriechen und emsig im Schürfstollen nach Edelsteinen suchen. Vor dem Bergwerk stehen Picknickhütten. Neu ist das Biathlon-Duell, bei dem vom Kleinkind bis zu den Großeltern mit ungefährlichen Infrarot-Gewehren geschossen werden kann. Das Angebot des Parks wird durch das Restaurant „Tischlein Deck Dich" (Tel. 08663-80 06 22, mit Wickelraum und Spielfläche) und ein Selbstbedienungs-Bistro abgerundet.

Freizeitpark Ruhpolding, *Vorderbrand 7, 83324 Ruhpolding, Parkinfo-Tel. 08663-14 13, ruhpolding@maerchenpark.de, www.freizeitpark.by, Ende März-Ende Okt tägl. 9-18, Einlass bis 17 Uhr, Erw. € 8,80, Kinder (ab 90 cm-13 J.) € 7,70, Benutzung sämtl. Attraktionen mit Ausnahme von Moto- (€ 0,50/Fahrt) und Autoscooter (Wertmarkeneinwurf € 1).* ***Anfahrt:*** *von Siegsdorf kommend vor Ortseingang Ruhpolding rechts, dann Beschilderung folgen.*

Ein Beutel mit viel Wind

*Auf dem Weg zum Holzknechtmuseum (s. Tour 5, S. 59) ist ein Stopp bei der „**Windbeutelgräfin**" zu empfehlen. Die Spezialität im alten Bauernhaus sind Windbeutel, ein Gebäck aus Brandteig, der beim Backen aufgeht und hohl wird. In ihn wird dann z.B. viel Sahne, Sauerkirschkompott und Vanilleeis gefüllt. Windbeutel gibt es schon ab € 3,60. Bauernhauskaffee Windbeutelgräfin, Brander Str. 23, 83324 Ruhpolding, Tel. 08663-16 85, Di-So 10-18 Uhr.*

Auf den Hängebrücken mitten im Wald fühlt man sich schnell wie Tarzan

Gigantisch: Mammut-Museum Siegsdorf

1975 stießen zwei 16-jährige Schüler bei Siegsdorf auf ein Stück Knochen und fingen daraufhin an, im Lehm zu graben. Sie fanden das Skelett eines Mammuts und versteckten es. Erst zehn Jahre später teilten sie den Fund offiziell mit und erhielten als Fundrecht immerhin 153.000 DM. Die Knochen sind heute im Naturkunde- und Mammut-Museum Siegsdorf zu besichtigen. Hier steigt man vom Keller Etage für Etage hinauf und erhält dabei Informationen über das Sonnensystem, die geologischen Zeitalter und die Landschaft unter Wasser. Großes Hallo gibt es in der Regel, wenn die Kinder in ein riesiges Haifischmaul steigen, ehe sie staunend den frei aufgestellten Schädel des Modells vom zehn Millionen Jahre alten „Mühldorfer Urelefanten" betrachten (das Original steht im Institut für historische Geologie in München). Im Obergeschoss beginnt die Eiszeit. An der Wand hängen die Knochen des von den Schülern gefundenen Mammuts. Damit man sich das alles besser vorstellen kann, wurden vom Gebein Abgüsse aus Kunstharz gemacht und zu einem monströsen Tier zusammengebastelt, vor dem alle mit weit aufgerissenen Augen stehen. Wen das Leben der Menschen in der Steinzeit interessiert, kommt im kleinen Steinzeit-Dorf südlich von Siegsdorf auf seine Kosten. Für Neugierige, die mehr über das Alltagsleben unserer Vorfahren wissen wollen, gibt es von Mitte Mai bis Mitte Oktober Programme für die ganze Familie. Eine Anmeldung ist erforderlich.

Naturkunde- und Mammut-Museum, Auenstraße 2, 83313 Siegsdorf, Tel. 08662-133 16, mammut@museum-siegsdorf.de, www.museum-siegsdorf.de, Ostern-Anf. Nov (Allerheiligen) Di-So 10-18, Anf. Nov-Weihn. So 10-17, Weihn.-Ostern Mi, Sa/So 10-17 Uhr, Erw. € 5, Kinder (6-18 J.) u. Studenten € 3,50, Familienticket (Eltern und alle eigenen Kinder bis 18 J.) € 10. ***Steinzeit-Dorf***: Tourist-Information, Rathausplatz 2, 83313 Siegsdorf, Tel. 08662-49 87 45, hanni.steigelmann@t-online.de, www.steinzeit-siegsdorf.de, Eintritt frei. ***Anfahrt.:*** A8, Ausf. Siegsdorf, bis zur Ortsmitte, an der Traunbrücke. Zum Steinzeit-Dorf: am Ortsende von Eisenärzt (südl. Siegsdorf), Parkplatz Dießelbachtal.

Da kriegen alle große Augen: Mann, ist der riesig!

Hier dürfen Eltern treten: Erlebnispark Marquartstein

Das Zentrum des Parks bilden Märchendarstellungen. Darüber hinaus bietet der Märchen-Erlebnispark Marquartstein aber noch eine Reihe anderer spannender Attraktionen: z.B. das Riesenrad für Kinder, das sich nur dann dreht, wenn die Väter am Antrieb Platz nehmen und ordentlich in die Pedale treten. Auf die ganz Wilden warten eine Sommerrodelbahn, ein Rodeo-Ritt auf dem „Störrischen Esel" und ein Abenteuerspielplatz. Im Wald kann man Damwild, Rotwild und Wildschweine sehen. Hexenschule und Kinder-Bauhof sind überdacht und bieten Familienspaß auch bei schlechter Witterung.

Welches Märchen wird hier wohl gerade erzählt?

Fingerabdruck nicht vergessen

Wer seinen Märchenpark-Besuch für ein Essen im Restaurant **Jägerwinkl** (Tel. 08641-77 13, Ostern-1. Novemberwoche 9-19 Uhr) unterbrechen will, muss sich seine Wiedereintrittslegitimation vor Verlassen an der Kasse mit dem Schwärzen seines Daumens erkaufen. Das kommt bei Kindern an, fühlen sie sich dabei doch wie auf der Polizeiwache. Auf der Speisekarte findet jeder etwas Passendes und für Kinder gibt es wahlweise große und kleine Portionen: Bayerischer Wurstsalat € 5,90, Fleischgerichte € 8-8,90, „Schweinchen Dick" (Schweinebraten, Semmelknödel, Soße) € 6,80/4,90, „Robin Hood" (Kinderschnitzel, Pommes, Ketchup) € 7,80/5,90, „Willi Würstl" (Wiener Würstl, Pommes, Ketchup) € 5,80/3,90.

Märchen-Erlebnispark Marquartstein, Jägerweg 14, 83250 Marquartstein, Tel. 08641-71 05, www.maerchenpark.de, Ostern-Anf. Nov tägl. 9-18, Einlass bis 17 Uhr, Erw. € 7,50, Kinder (90 cm-13 J.) u. ab 65 J. € 6,50. **Anfahrt:** über A8, Ausf. Bernau, von dort auf der B305 Richtung Marquartstein, hier Hinweisschildern „Märchen-Erlebnispark" und „Sommerrodelbahn" folgen.

Mit Dampf und Pfiff: die Welt der Eisenbahn

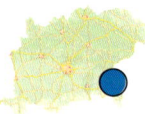

Irgendwann einmal wollen die meisten Jungs Lokführer werden. Meistens bleibt der Wunsch ein Traum. Ein Stückchen davon können nun Jung und Alt in der Lokwelt Freilassing nacherleben. Im denkmalgeschützten Rundlokschuppen sind auf 20 Gleisständen seltene Lokomotiven ausgestellt. Das älteste Stück von 1874 ist die Schnellzug-Dampflok B IX „1000" von Maffei. Vor diesem stählernen Meisterwerk versammeln sich ganze Familien in staunender Bewunderung. Besonders interessant ist darüber hinaus die große Drehscheibe: Sie kann sich auf jedes der 22 Gleise ausrichten, dort die entsprechende Lok aufnehmen und sie in einer Drehung zum jeweiligen Anschlussgleis bringen (Vorführung um 11, 13 und 15 Uhr).
Um jungen Besuchern den Zugang zur Welt der Eisenbahn noch leichter zu machen, gibt es im Kindermuseum ein speziell für 6- bis 12-Jährige konzipiertes Programm. Bei einem Quiz muss z.B. die Frage beantwortet werden, wie die erste deutsche Dampflokomotive hieß (Opa fragen), oder was passiert, wenn der Lokführer einschläft (ganz raffiniert: Er muss alle 30 Sekunden eine bestimmte Taste drücken; geschieht das nicht, stoppt der Zug automatisch). In einer anderen Abteilung lernt man, die verschiedenen Zuggeräusche – vom „Tschschsch-tschschsch-Tuuuuuuut" der Dampflok bis zum „Ssssiiuu" des ICE – zu unterscheiden und blind verschiedene typische Eisenbahnmaterialien zu ertasten. Der tolle Ausflug in die Welt der Eisenbahn ist perfekt, wenn sich die Kinder auch noch als Eisenbahner verkleiden dürfen.

Lokwelt Freilassing, Westendstr. 5, 83395 Freilassing, Tel. 08654-77 12 24 (Mo-Fr 8-12), ww.lokwelt.freilassing.de, Mitte Juli-Mitte Sep Di-So sowie Tage vor und eine Woche nach Ostern, Pfingsten und Weihnachten (außer 24./25.12.) 10-17 (letzter Einlass 16.30), in der übrigen Zeit Fr-So 10-17 Uhr, Erw. € 4,50, Kinder (6-16 J.) u. Studenten, Senioren ab 60 J. € 3,50, Familienticket (Eltern/Großeltern und eigene Kinder/Enkel) € 9. **Anfahrt:** *über A8, Ausf. Bad Reichenhall, auf der B20 über Piding u. Ainring nach Freilassing, auf der B20 bleiben, nach dem Bahnübergang links, dann ausgeschildert.*

Riesen aus Stahl:
der Traum aller Eisenbahnfans

Auch Trampolin und Riesenrutsche: Wildpark Obereith

Dieser Park bietet alles, was eine Familie für einen unterhaltsamen und abwechslungsreichen Tag in freier Natur benötigt. Während die Erwachsenen sich auf einer Liege sonnen, kann sich der größere Nachwuchs auf der Trampolin- und Bungeeanlage austoben und die Riesenrutsche abwärtssausen, während die Kleineren wippen, schaukeln oder Karussell fahren oder unter einem großen Sonnensegel in der Sandgrube spielen. Und nachdem Hunger und Durst in der Wildpark-Stub'n mit Biergarten (s. Kasten) preiswert gestillt worden sind, besuchen Groß und Klein gemeinsam die Tiere auf dem ausgedehnten Wald- und Wiesengelände, füttern Zwergziegen, Schafe und Hasen, gackern mit den Hühnern, beobachten im Feuchtbiotop Enten, Gänse und Fische. Flugvorführungen gibt es in der Falknerei (April-Okt Di-So Kunstflüge um 10.30 und 15 Uhr).

Nicht nur die Kinder haben irgendwann genug vom Toben ...

Wildpark Oberreith, *Thomas Mittermair, Oberreith 6a, 83567 Unterreit, Tel. 08073-91 53 61, www.wildfreizeitpark-oberreith.de, Mitte März-Mitte Nov tägl. 9-18, Mitte Nov-Mitte März Sa/So 10-17 Uhr, Erw. € 4,40, Kinder (3-14 J.) € 3,20, nach Familien-Tageskarte (ab € 15) fragen.* **Anf.:** *von München aus A94 u. B12 Richtung Passau bis Ausf. Gars, dann über Gars Richtung Schnaitsee bis Unterreit, von dort rechts 1 km nach Oberreith.*

Steckerlfische vom Grill

Ein gemütlicher Biergarten, in dem die Eltern entspannt mit Blick auf ihre spielenden Kinder brotzeiten können, macht die geräumigen **Wildpark-Stub'n** *besonders attraktiv. Zudem ist das Angebot recht preiswert: Schweinebraten mit Knödel € 6,50, Schnitzel mit Pommes € 6,80 oder Rinderbrühe mit Leberspätzle € 2,40. Zum Kaffee gibt es selbst gebackenen Kuchen, auch Eis ist vorhanden. Am Freitagabend brutzeln auf dem Holzkohlengrill Steaks und Steckerlfische.*

Besuch beim „Fieseler Storch"

In der historischen Werfthalle (1918) sind Doppeldecker und Jagdflugzeuge aus dem Ersten Weltkrieg zu bestaunen. Einige Väter und Großväter nicken wissend beim Anblick der Fokker D VII und ganz besonders beim „Fieseler Storch" (benannt nach dem Konstrukteur Gerhard Fieseler und wegen der langen Federbeine). In der neuen Ausstellungshalle wimmelt es nur so von Düsenjets, Senkrechtstartern und Polizeihubschraubern. Hier kann jeder auf dem Pilotensitz Platz nehmen. Beim „Fliegenden Zirkus" schnurren kleine Modellflugzeuge an der „Longe" im Kreis, und wer es sich zutraut, darf selbst an den Gasknüppel. Wer alles ohne Karambolage schafft, bekommt einen „Pilotenschein". Führungen Mo-Fr 10.30, 11.30, 14.30 u. 15.30 Uhr.

Fliegen mit der Tante Ju
Mehrmals im Sommer landet auf dem Flugplatz Oberschleißheim eine dreimotorige Ju 52, von Kennern liebevoll „Tante Ju" genannt. Von der robusten, 1932 entwickelten Maschine der Firma Junkers sind heute noch einige Maschinen im Einsatz, eine kann man beispielsweise für einen Rundflug von München zum Starnberger See (40 Min., € 185/Pers., 17 Fensterplätze) besteigen. Auch größere Rundflüge bis Garmisch mit Blick auf die Schlösser Neuschwanstein, Linderhof und Nymphenburg sind möglich.
Flugmotoren-Reparatur Heinz Dachsel GmbH, *JU-52-Buchungsservice, Oberdiller Str. 29, 82065 Baierbrunn, Tel. 0700-58 52 35 84 oder 08157-90 02 79, Fax 08157-90 02 78, info@ju-52.com, www.JU-52.com.*

Deutsches Museum Flugwerft Schleißheim, *Effnerstr. 18, 85764 Oberschleißheim, Tel. 089-315 71 40, fws@deutsches-museum.de, www.deutsches-museum.de/flugwerft, tägl. (außer an Feiertagen) 9-17 Uhr, Erw. € 6, Kinder (6-15 J.) € 3. Mit Wickelraum.* **Anfahrt:** *s. Schlossanlage Schleißheim, S. 40.*

Fragen über Fragen:
Wie man den wohl in die Luft kriegt?

Wellness und Hightech-Rutschen: Therme Erding

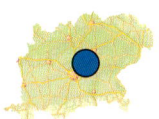

Die Größte, die Schnellste, die Vielfältigste: Für die ganze Familie findet sich etwas im gigantischen Angebot der Therme Erding, deren Heilwasser aus einer Tiefe von 2.350 Metern stammt und sich hervorragend zur Regeneration von Muskelverspannungen etc. eignet. Sich im warmen Wasser erholen, auf Sprudelliegen die Muskeln lockern, mit den Kleinen im Kinderpool spielen, mitmachen bei der Wassergymnastik oder im Sommer bei geöffnetem Glasdach unter Palmen die Sonne genießen – all das ist Teil des Thermenparadieses. In der warmen Jahreszeit setzt sich der Spaß draußen fort mit drei weiteren Pools, Sandstrand, Abenteuerspielplatz, Beachvolleyball, drei Rutschen, Hüpfkissen und Tretbootfahren auf einem der Naturseen. Saunafans (ab 16 J.) finden ein weiteres Paradies mit 25 thematischen Saunavarianten sowie 90 wohltuenden Aufguss- und Wellnessangeboten. Am Nachmittag, die jungen Wilden können es kaum mehr erwarten, öffnet um 14 Uhr (am Wochenende schon morgens) „Galaxy" seine Pforten, Europas größte Rutschenwelt mit 16 „galaktischen" Hightech-Bahnen. Das bedeutet Spaß und Action auf 1.400 Metern bei Geschwindigkeiten von bis zu 72 Stundenkilometern (ab 14 J.). Für die, die es etwas langsamer mögen, und kleinere Kinder gibt es gemütliche Familienrutschen. **Therme Erding**, Thermenallee 2, *85435 Erding, Tel. 08122-227 02 00, willkommen@therme-erding.de, www.therme-erding.de, Thermenparadies und Saunaparadies tägl. 10-23, Galaxy tägl. 14-21, Sa, So u. Ferien 9-23 Uhr, Kinder bis 3 J. frei, dann Tageskarte für Thermenparadies € 24, Saunaparadies € 34 (mit Thermenparadies), Galaxy 2 Std. € 13, 4 Std. € 17, Tageskarte € 24; nach Familienpaketen fragen.* **Anfahrt**: *Die verschiedenen Möglichkeiten sind auf der Internetseite der Therme aufgeführt.*

Selbst für die ganz Kleinen bietet die Therme Erding ein spezielles Programm

Für alle, die aufs Fliegen fliegen

Ein Ausflug zum Besucherzentrum des Flughafens München ist für alle ein spannendes und vor allem kostenloses Abenteuer. Die Ausstellung gibt Auskunft über den Flughafen, die Luftfahrt und über Berufe, die mit dem Flughafen in Verbindung stehen. Besonders faszinierend für kleine Forscher ist die Kabine „Umwelt und Lärm", in der man erfährt, wie laut (in Dezibel) verschiedene Alltagsgeräusche sind. Auf dem Außengelände gibt es Spielplätze, Minigolf (gegen Gebühr) und Minimünzfahrzeuge. An einem Drehkreuz (€ 1 einwerfen) beginnt der Aufstieg zum Besucherhügel (172 Stufen), von dem aus die Starts und Landungen aller Maschinen beobachtet werden können. Durch ein weiteres Drehkreuz (wieder € 1) kommt man zu zwei historischen Flugzeugen, deren Kabinen zu besichtigen sind. Wessen Wissensdurst jetzt noch immer nicht gestillt ist, der kann eine Rundfahrt buchen (Anmeldung erforderlich, Familienticket für 2 Erw. u. 2 Kinder (5-14 J.) € 22).

> **All you can eat bei „Ikarus"**
> *Im Besucher-Restaurant „Ikarus" mit großer Terrasse gibt es Themengerichte für die kleinen Gäste: „Kleiner Pilot" (1 Paar Wiener mit Pommes und Ketchup, ein Getränk) für € 4,90, „Ikarus" (frittierte Hähnchenflügel mit Pommes und Ketchup, ein Getränk) für € 5,95 oder – das Beste – „Muci": essen, so viel man will – Pommes, kleine Wiener Schnitzel, Hähnchennuggets, Fischstäbchen, Wiener, Hähnchenkeulen, eine süße Nachspeise und ein Getränk, und das alles für € 7,90.*

Flughafen München, Besucherservice, Verwaltungsgebäude, Nordallee 25, 85356 München, Tel. 089-97 54 13 33, besucherservice@munich-airport.de, www.munich-airport.de, Mo-Do 9-16.30, Fr/Sa/So 9-13, Besucherpark und Besucherhügel ganzj. rund um die Uhr zugänglich, Besucherzentrum, Airport-Shop u. historische Flugzeuge, tägl., März-Okt 9.30-18, Nov-Feb 9.30-17 Uhr, Eintritt frei. **Anf.:** S 1/S 8 bis „Besucherpark", von dort 10 Min. Gehzeit (800 m), ausgeschildert; mit dem Auto auf der A92 bis Abf. Flughafen München, der Beschilderung zum Besucherpark folgen bis Parkplatz P 51.

Nicht zur Kinder haben Spaß im Besucherzentrum des Flughafens München

Kinder in der Autowelt

In Oberbayern gibt es gleich zwei Autohersteller, die Familien mit Kindern Einblick in ihre Autowelt gewähren: BMW in München und Audi in Ingolstadt. Beide bieten Interessierten die Möglichkeit, kostenlos herumzuschnuppern oder an ausführlichen Führungen teilzunehmen. Die **BMW Welt** hat einen eigenen Junior Campus, geeignet für Kinder von 7 bis 13 Jahren. In einem Erlebnisraum wird durch aktive Beteiligung mit Spaß Wissen über das Thema Mobilität vermittelt (Mo-Fr 9-19, Sa/So und Feiertage 10-19 Uhr). Das **Junge Audi Forum** führt seine jungen Besucher (ab 6 J.) mit einem Quiz an das Thema Auto heran und lässt sie am Simulator ihr Fahrtalent testen (Mo-So 8-18 Uhr). Für die Kinderführungen, die auch für Eltern ausgesprochen informativ sind, sollte man sich besser vorher anmelden. Es wird eine Teilnehmergebühr verlangt. In beiden Automobilwerken gibt es Restaurants mit preiswerter Menükarte.

Ein weiteres Mekka für junge und alte Autofans findet sich in Amerang im Chiemgau. Im **EFA-Museum für Automobilgeschichte** können 220 Automobile – von 1886 bis heute – bestaunt werden: von Maybach-Luxuskarossen über den „Doktorwagen" von Opel, den Benz 27/70 PS Sporttourer, das Horch 853 Cabriolet und die BMW-Isetta bis hin zum schnittigen Mercedes Benz 300 SL. Planen Sie viel Zeit für die Besichtigung ein, es wird Ihnen schwerfallen, sich und den Nachwuchs von den Exponaten zu trennen.

Im Audiforum kann der Nachwuchs am Simulator sein Fahrtalent testen

BMW Welt, *Am Olympiapark 1, 80809 München, Info-Service Tel. 01802-11 88 22, infowelt@bmw-welt.com, www.bmw-welt.com.*
Audi Forum, *Ettinger Straße, 85057 Ingolstadt, Tel. 0800-283 44 44, welcome@audi.de, www.audi.de/foren.*
Anfahrt: *Auf den jeweiligen Internetseiten erhält man genaue Informationen zu Anfahrt und Parkmöglichkeiten.* **EFA-Museum für deutsche Automobilgeschichte**, *Wasserburger Str. 38, 83123 Amerang, Tel. 08075-81 41, info@efa-automuseum.de, www.efa-automuseum.de, April-Okt Di-So 10-18 Uhr, Erw. € 8, Kinder (6-14 J.) € 4.* **Anfahrt:** *von Wasserburg über Evenhausen nach Amerang, dort ausgeschildert.*

Oberbayerns größtes Bauernhaus-Museum

Etwa 60 Bauernhäuser, Werkstätten und Mühlen wurden zerlegt und an der Glentleiten wieder errichtet. Familien können einen ganzen Tag durch das auf diese Weise entstandene Dorf schlendern, die Stuben und Ställe mit den alten Einrichtungen besichtigen, bunte Bauerngärten betrachten oder sich historische Handwerkstechniken von Schmied, Seiler, Weber, Töpfer, Wetzsteinmacher und Lederhosen-Schneider vorführen lassen. Beim Spaziergang über Felder und Wiesen kann man den Bauern zuschauen, bei Hunger und Durst stehen mehrere Restaurants, ein historischer Biergarten und der Kramerladen (s. Kasten oben) zur Verfügung.

> **Leckereien im Kramerladen Glentleiten**
>
> *Im bunten **Kramerladen** macht es vor allem Kindern Spaß zu stöbern. Dabei regt der Duft von Frischgebackenem den Appetit der ganzen Familie an. Täglich gibt es u.a. Apfelstrudel, Nusszopf, Rohrnudeln, Topfenstriezel, Ausgezogene, frische Milch und Buttermilch, auch Brote mit Schmalz, Obatzten und Schnittlauch, Brezn, Würste, Käse und natürlich „Guatl" (Bonbons) und Eis. Kramerladen glentleiten, Maria Heinritzi, Tel. 08851-75 27, www.kramerladen-glentleiten.de.*

Freilichtmuseum Glentleiten, An der Glentleiten 4, 82439 Großweil, Tel. 08851-18 50, freilichtmuseum@glentleiten.de, www.glentleiten.de, Mitte März-Mitte Nov Di-So 9-18 Uhr, Juni-Sep auch Mo, Erw. € 5, Kinder (6-15 J.) € 2, Familien (2 Erw. und eigene Kinder bis 15 J.) € 10. **Anfahrt:** über A95, Ausf. Murnau/Kochel über Großweil, dann ausgeschildert.

*Faszination Handwerk:
So wird Keramik hergestellt*

GUT ZU WISSEN

Fakten von A bis Z

Ankunft/Anreise

Autoreisende: Die Großstadt München hat noch immer keinen geschlossenen Autobahnring, dennoch laufen die Autobahnen sternförmig auf die bayerische Metropole zu. Vom Norden (Nürnberg) die A 9, dann die A 99 als Autobahnring, aus dem Stuttgarter Raum die A 8, sie trifft ebenfalls auf die A 99, aus dem Südwesten bzw. über Memmingen vom Bodensee die A 96, vom Süden her die Garmischer Autobahn A 95. Fast fertig ist die A 94 aus dem Osten Bayerns, und den südöstlichen Raum erschließt die A 8 München-Salzburg.

Bahnreisende: Den Eisenbahnknotenpunkt München erreicht man von allen Richtungen mit ICE, EC und Regionalzügen, die vor allem für die Weiterfahrt durch die Region empfehlenswert sind (und kostengünstig).
Für Familien sind während der Ferienzeit auch die Autoreisezüge interessant, die es ab Berlin-Wannsee, Düsseldorf, Hamburg-Altona sowie Hildesheim gibt; Auskunft und Buchung unter www.dbautozug.de.

Flugreisende: Günstig sind vor allem die immer wieder angebotenen City-Tarife nach München. Der Flughafen Franz-Josef-Strauß liegt rund 30 Kilometer vom Ortszentrum entfernt im Erdinger Moos, ist allerdings gut an München angebunden:
per S-Bahn (S 1 und S 8) alle 10-20 Minuten sowie per Bus zum Hauptbahnhof (alle 20 Min.).

Auskunft

Die Informationsstellen der Touristenvereine vor Ort werden bei den Touren genannt. Hier die Adressen der überörtlichen Fremdenverkehrsverbände:
Allgemeines Internetportal für Urlaub in (ganz) Bayern: **www.bayern.by**.
Tourismusverband München-Oberbayern, Radolfzeller Str. 15, 81243 München, Tel. 089-829 21 80, Fax 089-82 92 18 28, www.oberbayern.de.
Tourismusamt München, Sendlinger Str. 1, 80331 München, Tel. 089-23 39 65 55, Fax 089-23 33 02 33, www.muenchen-tourist.de.

Autovermietung

Am Münchner Flughafen, am Hauptbahnhof sowie über die Hotels sind Autovermietungen zu finden. Kindersitze sollten mitgebucht werden, falls man sie benötigt. Im Winter an die Zubuchung von Winterreifen denken! BahnCard-Kunden erhalten bei AVIS, Europcar und Sixt Sonderkonditionen.

Babysitter

In den meisten Familienhotels wird Babysitting angeboten. Babyfones ersparen vielfach diesen meist teuren Sonderservice, allerdings nur, wenn die Eltern den Abend im Hotelbereich nicht zu weit entfernt vom Zimmer oder Apartment verbringen.

Camping

Für die Hochsaison, ob zu Pfingsten oder im Juli/August, sollte man sich seinen Platz unbedingt rechtzeitig im Voraus reservieren, auch wenn es scheinbar endlos viele Campingplätze, vor allem an den großen Seen, gibt. Am hilfreichsten, weil die Plätze genau beurteilt werden, ist der aktuelle ADAC-Campingführer Deutschland. Sonst kann man sich auch auf die Angaben der einzelnen Fremdenverkehrsämter verlassen.

Fahrrad

Genaue Angaben zu Radtouren und Verleihstationen gibt es sowohl bei den Touristenämtern als auch in den Familienhotels, die meistens auch ein paar Kinderräder und vor allem Kindersitze zur Verfügung stellen bzw. gegen Gebühr verleihen. Die Bundesbahn bietet Fahrradmitnahme auf manchen Strecken sogar kostenlos an (www.bahn.de/fahrrad-bayern). Das Zweirad wird auch von den meisten Schiffen auf den oberbayerischen Seen mitgenommen, wenn auch gegen Gebühr.

Fauna

Auf den Felsen der Alpen sind häufig mit dem Feldstecher klettergewandte Gämsen und Steinböcke auszumachen. Mit lauten Pfiffen warnen die Murmeltiere ihre Artgenossen vor Feinden und machen schnell noch Männchen, ehe sie in ihren Höhlen verschwinden. Kleiner ist die herumhüpfende, klettertüchtige Alpenwühlmaus (auch Schneemaus), die bei Verfolgung mit hoch erhobenem weißen Schwänzchen durchs Wasser schwimmt. Im Sommer braun, im Winter weiß sind Alpenschneehühner und Schneehasen. Im Bergwald kann man gelegentlich die Balzrufe des Auerhahns hören; seltener zu sehen ist, wie er mit Konkurrenten kämpft oder die Henne bezirzt. Wer Glück hat, entdeckt auch die anderen Vertreter der Raufußhühner: Birkhuhn und Haselhuhn. Bei einem Blick nach oben ist gelegentlich der Steinadler zu sehen, etwas seltener der

Liebevoll ausgestaltetes oberbayerisches Kunsthandwerk

Gänsegeier, häufiger dagegen Alpendohlen mit ihren grellgelben Schnäbeln. Wenn es am Wegesrand oder auf Almwiesen raschelt, kann es der schwarze Alpensalamander sein, der Feuersalamander mit gelbem oder orangerotem Muster hält sich eher weiter unten in Mischwäldern auf. In fast allen Höhen bis hoch auf die Gipfel lebt die schwarze Kreuzotter. Sie ist sehr scheu und muss deshalb selten von ihrem Giftbiss Gebrauch machen.
Sehr wohl fühlen sich in den Bergwäldern Rehe und Rothirsche, die sich kräftig vermehren und durch Verbiss der Baumrinden große Schäden anrichten. In Moorgebieten oder auf dem Ackerland flattern immer mal wieder erschrockene Rebhühner in die Lüfte, in den Seen und Flüssen schwimmen vorwiegend Forellen, Renken, Saiblinge und Hechte.

Flora

Das floristische Markenzeichen Oberbayerns prangt als Zierde an vielen Trachten: das Edelweiß. Die edle Blume mit ihrem samtenen Pelz wächst weit oben im Gebirge und ist geschützt. Früher war sie das Opfer verliebter Burschen, die ihrem Mädchen die Seltenheit vom gefährlichen Fels unter Todesgefahr als Liebesbeweis holten. Der traurige Refrain eines (ober)bayerischen Liedes zeugt von diesem Brauchtum: „Das Edelweiß, ganz bluedig rot, hielt er in seiner Hand …"
Ebenfalls in der höheren, baumlosen Zone sind Alpenveilchen, Alpenrose und Alpenanemone zu finden. Die Anemone fällt nach der Blüte durch ihre Frucht, eine kugelige Perücke, auf. Auch die Silberdistel gehört in diesen Flora-Bereich. Ihr wurden schon immer besondere

Paradies für Ornithologen
Vögel sind in Oberbayern zahlreich vertreten: so z.B. bei Garmisch der Zitronengirlitz, weiter oben Alpendohle und Kolkrabe, bei Mittenwald Alpensegler und Zippammer, auf dem Karwendel Alpenbraunelle, Schneefink und Alpenkrähe, an der Isar, z.B. bei Wolfratshausen, Gänsesäger und der bunte Eisvogel, im Murnauer Moos Wiesenpieper und Bekassine, rund um den Ammersee Kormoran und Flussseeschwalbe, an der Loisach die Rohrweihe, Braunkehlchen und Rohrschwirl.

Heilkräfte zugeschrieben. Ihr wissenschaftlicher Name Carlina acaulis verweist auf Kaiser Karl den Großen. Angeblich wurde er im Traum von einem Engel auf die Pflanze aufmerksam gemacht, woraufhin er mit dem Wurzelsud sein Heer vor der Pest gerettet haben soll.
Dort, wo die Wälder beginnen (unterhalb von 2.000 m), bestimmen Nadelhölzer das Bild: Fichten, Lärchen, Latschen (Bergkiefer) und Zirben (Zirbelkiefer). Auch hier wieder große Büsche der Alpenrose und Enzian, der aber bis hinunter in die Waldzone mit Buchen, Eichen und Ahorn ist, ebenso wie Christrosen und die wunderschöne violette Akelei. Ihr lateinischer Name Aquilegia ist wahrscheinlich eine Ableitung von Aquila, dem lateinischen Namen für Adler: Die nach hinten ragenden Blütensporne sehen wie Greifvogel-

krallen aus. Der Name des gelb oder rotorange blühenden Eberrauten-Greiskrauts ist erst nach dessen Blüte zu verstehen, wenn sich die Früchte mit seidigfeinen weißen Haaren schmücken, die dem Schopf eines Greises sehr ähneln. In der Waldzone beginnt auch der Reigen der Orchideen, der sich bis hinunter ins Moorgebiet und die selten gewordenen Buckelwiesen fortsetzt. Es sind vor allem verschiedene Arten von Knabenkraut, das Rote Waldvöglein, wegen seiner anmutigen Form auch Waldhyazinthe genannt, und immer mal wieder der Frauenschuh. Die streng geschützte „Orchidee des Jahres 2010" hat ihren Namen von der Form des Blüten-Vorderteils, der wie ein Pantoffel aussieht. Insekten, die sich am öligen Rand des Pantoffels niederlassen, rutschen unaufhaltsam in die Tiefe und können sich nur über die Blütennarbe nach draußen retten, wobei die Pflanze bestäubt wird. Vor allem im Frühjahr geht Naturmenschen in Oberbayern das Herz auf. Da sind Hänge voller rosaroter Krokusse, im Raum Bad Tölz gemischt mit weißen Märzenbechern, unter Büschen leuchten die Buschwindröschen aus dem Laub heraus, nebenan das verwandte blaue Leberblümchen, das so heißt, weil die Umrisse der Blätter der menschlichen Leber ähneln. Oft wird es verwechselt mit dem Immergrün, dessen Blüten aber nicht sechs, sondern nur fünf leicht eckige Blütenblätter haben. Auch die Primeln sind zahlreich vertreten, von der schwefelgelben Waldprimel über die goldgelbe, orangegelb gefleckte Wiesenprimel bis hin zur purpurvioletten oder rosaroten Mehlprimel, deren Unterseite mehlig weiß ist. Wer an der Loisach im Bereich Kochelsee die Augen offen hält, kann sogar die seltene, duftende blauviolette Sibirische Schwertlilie entdecken. An Bachrändern, aber auch auf Bergwiesen steht in leuchtendem Gelb die von den Kühen gemiedene Trollblume (von lat. trullus = rundes Gefäß, über ahd. troll = kugelrund). Das Alpenvorland mit seinem unerschöpflichen Reichtum an Blumen und Kräutern hat so manchen Volksbrauch bestimmt. So werden an Mariä Himmelfahrt (15.08.) Kräuterbüschel zur Weihe getragen, die zeigen, was alles auf Oberbayerns Wiesen blüht. Von ehemals 77 festgelegten Heilkräutern müssen es heutzutage mindestens sieben sein, im Mittelpunkt häufig die Königskerze. Außerdem werden von den fleißigen Gläubigen folgende Heil- und Gewürzpflanzen gesammelt: Baldrian, Lavendel, Dost, Ringelblume, Melisse, Wegwarte, Holunder, Salbei, Schafgarbe und Kamille, aus der Moorgegend Rohrkolben, Rain-

Das Edelweiß: die wohl berühmteste Blume Oberbayerns

Klimatabelle

	Jan	Feb	März	Apr	Mai	Juni	Juli	Aug	Sep	Okt	Nov	Dez
Lufttemperaturen / Tag (in °C) /Nacht	2,2 / -2,5	3,0 / -2,5	7,2 / -0,2	12,5 / 3,0	17,4 / 6,4	20,5 / 9,6	22,2 / 12,3	22,0 / 12,0	18,9 / 9,3	12,9 / 5,5	7,3 / 2,4	3,9 / -0,5
Sonnenschein (in Std.) täglich	1,5	2,2	4,4	6,2	7,4	7,4	7,1	6,0	5,7	3,2	1,5	0,9
Niederschlag (Tage/Monat)	11,5	10,5	7,9	10	9,5	10,3	11,9	10,3	10,3	10,5	10,6	10,9

farn und Johanniskraut. Auch die in Oberbayern häufig zu findenden Bauerngärten sind am Kräuterbüschel mit Basilikum, Thymian, Salbei, Minze, Liebstöckel und Bibernelle (Pimpinelle) beteiligt. Weil der Büschel ursprünglich auch lebenswichtige Pflanzen enthalten sollte, dürfen Hafer, Gerste, Weizen und Roggen nicht fehlen.

Literatur

Bellmann, Heiko: Welches Insekt ist das? Stuttgart 2010.
Engelhaaf, Carmen: Wandern mit dem Kinderwagen, München 2009.
Herbke, Stefan: Tagesausflüge im Fünfseenland, München 2008.
Spohn, Margot/Aichele, Dieter: Was blüht denn da? Der Fotoband, Stuttgart 2010.
Weithmann, Michael W.: Kleine Geschichte Oberbayerns, Regensburg 2007.

Medien

Die wichtigste Tageszeitung der Region ist die Süddeutsche Zeitung, donnerstags Beilage mit Veranstaltungstipps, freitags das SZ-Magazin, Regionalbeilagen für alle wichtigen Urlaubsgebiete. Münchner Merkur sowie die Boulevardblätter TZ (Tageszeitung) und AZ (Abendzeitung, SZ-Verlag) ergänzen das Münchner Angebot. Radiosender von Bedeutung sind die Bayern-Sender 1, 2, 3 (mit Verkehrsfunk), 4 (Klassik) und 5 (alle 15 Min. aktuelle Informationen) sowie Antenne Bayern. Das Bayerische Fernsehen, das regionale dritte Fernsehprogramm, bietet meist sehr interessante Sendungen, Filme, Dokumentationen, nicht nur über Bayern.

Notrufnummern

Polizei: 110
Feuerwehr und Notarzt: 112

Öffentliche Verkehrsmittel

Die Region ist hervorragend mit öffentlichen Verkehrsmitteln wie der S-Bahn oder den Regionalbahnen erschlossen. Wer Oberbayern ohne Wagen erkunden möchte, sollte unbedingt an das Bayern-Ticket denken. Ab € 28 reisen bis zu fünf Personen einen ganzen Tag lang mit der

Regionalbahn, fast alle öffentlichen Verkehrsmittel in den Städten inklusive. Gültig Mo-Fr ab 9 bis 3 Uhr früh, an den Wochenenden sogar schon ab Mitternacht. Für Fahrräder benötigt man das Fahrrad-Tagesticket. Auskunft auch unter www.bayern-takt.de.
Der größte Verkehrsverbund ist der MVV mit dichtem Bus-, Straßenbahn-, S- und U-Bahn-Netz, 10er-Streifenkarte € 11,50 (Innenbereich mit 2 Streifen befahrbar). Für Familien ideal ist die Partnertageskarte für € 9,40 bzw. € 22 für drei Tage Innenstadtraum, für das Gesamtnetz gibt es nur die normale Tageskarte für € 22, für drei Tage die CityTourCard für das Gesamtnetz des MVV zum Preis von € 48 für Familien (bis 5 Pers.). Weitere Infos unter Tel. 089-41 42 43 44 sowie www.mvv-muenchen.de.

Öffnungszeiten

Banken: üblicherweise Mo-Fr 8.30-12.30 und 14-16 Uhr.
Postämter: normalerweise Mo-Fr 8-18, Sa 8-12 Uhr, aber da es immer mehr kleine Filialen in Schreibwarenläden o.Ä. gibt, variiert das.
Geschäfte: Mo-Fr 8/9-19/20, Sa bis 16 Uhr, Supermärkte samstags oft länger. Auf dem flachen Land wird gern Mittagspause eingelegt und abends früher Schluss gemacht. In weniger touristischen Orten können manche Lebensmittelläden am Mittwochnachmittag geschlossen bleiben, Metzgereien auch den ganzen Montag.

Schifffahrt

Sogar die Seenschifffahrt zählt in Oberbayern zu den öffentlichen Verkehrsmitteln, die im Sommerhalbjahr den Liniendienst einhalten. Das gilt für den Starnberger See, den Ammer-, Tegern-, Chiem-, Schlier- und Staffelsee.
Auf dem Königssee fahren die leisen Elektroboote sogar das ganze Jahr über, denn es gibt gar keinen anderen Liniendienst und keine Straße, die den See umrundet.
Interessant sind die Kombikarten, z.B. mit Bus- oder S-Bahn-Anreise, oder das Guten-Morgen-Ticket auf dem Königssee, wenn man schon vor 9 Uhr fit ist für eine Bootsfahrt. Weitere Informationen zum Schiffsverkehr auf den vier zusammenarbeitenden Seen (Starnberger-, Ammer-, Tegern- und Königssee) unter www.seenschifffahrt.de, für den Chiemsee unter www.chiemsee-schifffahrt.de, für den Schliersee unter www.schlierseeschifffahrt.de und für den Staffelsee unter www.staffelsee.org.

Mit der Zugspitzbahn geht's zum höchsten Punkt Deutschlands

Tiere

Wer Hund und Katze im Urlaub nicht allein lassen möchte, sollte sich vor der Buchung unbedingt danach erkundigen, ob die lieben Vierbeiner im Hotel oder Ferienapartment auch willkommen sind. Das trifft leider nur selten zu. Außerdem gilt in den meisten Badeseen Hundeverbot, nur selten gibt es spezielle Badeplätze für Hunde.

Unterkünfte

In Oberbayern gibt es ein sehr vielfältiges Angebot an Unterkünften für Familien. Zur Orientierung finden Sie hier zehn besonders kinderfreundliche Häuser, außer dem Landgasthotel Zum Steinbauer haben alle auch im Winter geöffnet. Die Preise beziehen sich, wenn nicht anders angegeben, auf eine Person pro Tag im Doppelzimmer mit Halbpension (Vorsaison-Hauptsaison), wobei im Normalfall wochenweise gebucht wird. Bei Ferienwohnungen oder Apartments mit der Angabe „bis x Personen" gilt der Preis für die Wohneinheit und Selbstversorgung. Wenn Kinderanimation bzw. Miniklub angegeben ist, bezieht sich das meistens auf die Zeit von Ende Mai bis Ende August, in manchen Hotels gibt es ein solches Angebot aber auch nur in der Hochsaison Juli/August. Familienhotels haben meistens einen Vorrat an Baby- und Rückentragen, Wickel-Rucksäcken, Buggys, Mountainbikes, Kinderrädern etc. Bei Bedarf besser vorher anfragen. Weitere Informationen zu speziellen Familienhotels mit Kinderbetreuung und Qualitätskontrolle unter www.kinderland.by sowie www.familienurlaub.by.

Ferienbauernhof „Beim Lehnecker", Familie Hartsperger, Lehneck 1, 84524 Neuötting, Tel. 08671-28 24, info@lehneck.de, www.lehneck.de. 2 km außerhalb von Neuötting.

Starnberger See: mit dem Boot auf den Spuren von Sisi und König Ludwig II.

Großer bewirtschafteter Bauernhof, einsame Lage, viel Auslauf, Garten mit Wiese, Klettergerüst, Schaukel, Kinderhaus, Lagerfeuerplatz, Grill, Hilfe im Stall möglich, Pony Franzi zum Reiten, Bullenmast, Gänse, Hasen, Brieftauben, Katzen, Bienen, günstig für Wanderungen und Radtouren, auf Wunsch Frühstück mit eigenen Produkten, Brötchenservice. Ferienwohnung für 2-4 Pers., 2 Schlafräume, Wohnküche, Du/WC € 48, Frühstück Erw. € 7, Kinder (2-14 J.) € 5.

Landgasthotel Zum Steinbauer, *Familie Stein, Forellenweg 8, 83123 Amerang, Tel. 08075-211, unser@familienurlaub.by, www.zum-steinbauer.de.*
Ausgezeichnet mit 5 Bären (höchste Auszeichnung für Familienhotels in Bayern), stimmungsvolles altes Bauernhaus, Hof, Zimmer und Möbel unverändert, Biergarten, Hallenbad, Freibad, Sauna, Babybadestuben, Kleinkinder-WC, Spielzimmer für Kinder unter 3 J., Hexenhaus für größere Kinder, Bulldogfahrten, Kinderbetreuung unter 3 J. min. 18, ältere Kinder mindestens 35 Std./Wo., ganztags Kindergetränke-Bar, Berg- und Radwandern. 2 Wochen vor Ostern-Mitte Nov. All inclusive, im Familienapartment € 78-103, Kinder bis 3 J. € 4-5,50, 3-6 J. € 8,50-11, 7-11 J. € 11,50-15, ab 12 J. € 15-20.

Neubichler-Alm, *Berchtesgadener Land, Neubichel 5-6, 83451 Piding bei Bad Reichenhall, Tel. 08656-700 90, kontakt@neubichler-alm.com, www.neubichler-alm.com.*
Ausgezeichnet mit 5 Bären, große Ferienanlage mit Panoramablick, Hallenbad, Sauna, Beautyfarm, großer Auslauf, Abenteuerspielplatz, Bobbycars, Kinderräder, Alm-Zug für Ausflüge, Zauber- und Schwimmkurse, Reitunterricht, Kinderclub (66 Std./Wo.), Babyclub (4 Mon.-2 J.) mit Spielraum, auf Wunsch Essen im Kinderclub, Tennis, Bogenschießen, Kletterwand. Familienapartment € 71-115, Kinder bis 16 J. € 32-45.

Daxlberger Hof, *Familie Buchöster, Daxlberg 8, 83313 Siegsdorf, Tel. 08662-92 64, info@daxlbergerhof.de, www.daxlbergerhof.de. Autobahn A 8 München-Salzburg, Ausfahrt Schweinbach.*
Echtes Bauernhoferlebnis in ruhiger Lage auf einer Anhöhe, Panorama-Rundblick, Tiere zum Anfassen, bei der Stallarbeit darf mitgemacht werden (Bambini-Stalldiplom), Ponyreiten, Trampolin, Gokart, Traktorfahrt, Indianerzelt, Lagerfeuer- und Grillabende, Wildkräuterführungen, alle Ferienwohnungen mit perfekter „Dreikäsehoch-Grundausstattung". Ferienwohnung für bis zu 4 Personen mit perfekt ausgestatteter Küche € 80-100.

Sonnenstatter, *Familie Hirtreiter, Schießstättstr. 7, 83727 Schliersee, Tel. 08026-200 11, info@gaestehaus-sonnenstatter.de, www.gaestehaus-sonnenstatter.de. Autobahn A8 München-Salzburg, Ausfahrt Weyarn, von Weyarn über Thalham, Miesbach, Hausham bis Schliersee.*
100 Jahre alter Bauernhof in ruhiger Lage oberhalb des Schliersees, ökologischer Landbau, Spielplatz, Spielscheune, Spielraum, Grillen im Garten, viele Nutztiere wie Kühe, Jungvieh, Schweine, Schafe und Pferde, diese auch zum Reiten, Kutschen- und Schlittenfahrten; Kinder kön-

nen bei der Stallarbeit und beim Grasholen helfen. Ferienwohnungen für 2-4 Personen mit Frühstück von € 33,50 (klein) bis € 80 (groß oder Berghäuserl).

Abrahamhof*, Familie Sindlhauser, Angerfeldweg 10, 83671 Benediktbeuern, Tel. 08857-15 60, info@abrahamhof.de, www.abrahamhof.de. Über Autobahn A95 München-Garmisch, Ausfahrt Sindelsdorf, in Richtung Bichl/Bad Tölz, nach ca. 6 km rechts nach Benediktbeuern.*
Voll bewirtschafteter alter Bauernhof am Ortsrand, mehrfach prämiert, sehr ruhige Lage, sehr viel Auslauf, Wiesen mit Tischen und Bäumen (beschriftet), 80 Milchkühe, Streichelzoo mit Ponys, Ziegen und Kaninchen, Reitausflüge, Traktorfahren, Kutsch- und Schlittenfahrten, beim Eintreiben der Kühe darf geholfen werden, Abenteuerspielplatz, Riesentrampolin, Tischtennis, Hütte mit Grill, Kinderhütte, Fahrräder, Kettcar, Einräder. Alles ist mit eigenem Holz gebaut, auch die Apartments. Zum Verkauf: Milch, Brot, Semmeln, Joghurt, Marmelade, Schnäpse und Säfte aus eigener Produktion. Familienapartments (für Kinder Etagenbetten) bis 4 Pers. € 48-63.

Hotel Leiner*, Familie Leiner-Pieri, Wildenauer Str. 20, 82467 Garmisch-Partenkirchen, Tel. 08821-952 80, info@hotel-leiner.de, www.hotel-leiner.de. Nähe Olympia-Skistadion.*
Vor dem Haus Straße, hinter dem Haus Spielwiese mit Kletterburg, Sandkasten, Riesentrampolin, Boccia, Tischtennis, Spiel- und Betreuungszimmer für Kinder ab 3 J., Betreuung auch für Babys, Jugendzimmer mit Kicker, Tischkegeln,

> **Ganz spezielle Kinderkarte**
> *Gleich neben dem Hotel Haus Hammersbach steht die gemütliche **Hammersbacher Hütte** (Kreuzeckweg 2, Tel. 08821-826 14). Die Kinder bekommen im Restaurant zuerst einmal ein Ausmalbild und Rätsel. Wer fertig ist, erhält an der Rezeption eine Überraschung. Und dann findet man noch dazu eine spezielle Kinderkarte vor: von Nudelsuppe „Seepferdchen" (€ 2,20) über Spätzle oder Knödel mit Soße für € 2,60 und 3 Reiberdatschi mit Apfelmus für € 3,60 bis hin zu Spaghetti bolognese mit Salat (€ 4,80) oder Salatteller vom Buffet (aufgehäufter Teller) für € 3. Danach Spaghetti-Eis oder den Kinder-eisbecher „Silberzwerg" für je € 3,90. Und Kindergetränke gibt es für 99 Cent! Da gehen wir wieder hin.*

PlayStation, DVD-Player und Bücher. Für Kinder All-inclusive-Programm mit Vollpension, zwischendurch Eis, Kuchen und frisches Obst, ganztags Getränkestation mit Apfelschorle, Wasser, Apfelsaft und Früchtetee. Familienapartments € 70-75 (pro Pers./HP), all inclusive für Kinder bis 3 J. € 8, bis 7 J. € 16, bis 11 J. € 21, bis 16 J. € 26, ab 16 J. € 31.

Haus Hammersbach*, Kreuzeckweg 2-6, 82491 Zugspitzdorf Grainau, Tel. 08821-98 30, info@haus-hammersbach.de, www.haus-hammersbach.de.*

Großes Ferienhotel in mehreren Gebäuden, viele Veranstaltungen, 5 Restaurants, großartiges Frühstücksbuffet, günstige Lage für Wanderungen in die Berge, auch Familienwanderungen mit Informationsstationen, Erholungslandschaft mit Wellnessprogramm, Pool und Liegewiese. € 38-46,50, Kinder bis 16 J. im Elternzimmer frei.

Holiday Inn München, Inselkammerstr. 7-9, 82008 Unterhaching, Tel. 089-66 69 10, info@holiday-inn-muenchen.de, www.holiday-inn-muenchen.de.
Komfortables Hotel in Stadtnähe (öffentl. Verkehrsmittel zur Innenstadt), Spielzimmer, Sauna und Fitnessraum. Günstige Familienpackages, z.B. 2 Ü im Mehrbettzimmer (2 Erw. und bis zu 3 Kinder bis 18 J.), Schlemmer-Frühstücksbuffet für alle, Welcome-Drink, Überraschung bei Anreise (für Kinder bis 12 J.), ein 3-Gänge-Menü für die Eltern und für Kinder bis 18 Jahre ein Gericht aus der Kinderkarte kostenfrei, 50 Prozent Nachlass auf weitere Mittag- und Abendessen sowie auf Getränke an der Bistro-Bar, Familienlunchpaket bei Abreise, ein Tages-MVV-Ticket für die Familie (bis 5 Pers.) – Komplettpreis für 2 Erw. und bis zu 3 Kinder € 295.

Hotel Brunnenhof, Schillerstr. 36, 80336 München, Tel. 089-54 51 00, hotel@brunnenhof.de, www.brunnenhof.de.
Zwischen Hauptbahnhof und Sendlinger Tor. Gepflegtes Haus im Zentrum, ruhige Lage, Familienzimmer (für bis zu 6 Pers.) ab € 147 inkl. Frühstück, Kinder bis 2 J. kostenlos im Elternbett.

Mit Tieren auf Tuchfühlung beim Urlaub auf dem Bauernhof

Geschichte

Der Begriff Oberbayern erscheint erstmals 1255 unter Ludwig dem Strengen als Herzogtum, nicht deckungsgleich mit dem heutigen Regierungsbezirk. 1392 wird Oberbayern geteilt in Bayern-München und Bayern-Ingolstadt. Nach Gründung des Königreichs Bayern (1806, König Max I. Joseph) wird das Land 1818 in Kreise eingeteilt, es entsteht der Isarkreis mit dem „Vorort" München. 1838 wird der Isarkreis unter König Ludwig I. in den Regierungsbezirk Oberbayern umbenannt, jetzt mit Altötting, Burghausen, dem Rupertiwinkel und Friedberg-Aichach, Hauptstadt ist München. Diese Einteilung hat bis 1972 Bestand. Dann kommt es zur Gemeinde- und Gebietsreform, zu Oberbayern gehören jetzt die Kreise Eichstätt und Neuburg/Donau, der Landkreis Aichach-Friedberg wird dem Regierungsbezirk Schwaben zugeschlagen.

Während die Mächtigen in Bayern streiten und kämpfen, ist keine Zeit, sich um das Wohlergehen der Bevölkerung zu kümmern. Sie darbt und leidet Jahrhunderte lang: Ritterschlachten zwischen Wittelsbachern und Habsburgern (1313, 1322), Landesteilungen (1392), sogenannter Hausstreit (1420-22), Landshuter Erbfolgekrieg (1503/04), Schlachten im Land (1547/48), schwedische Belagerung und Verwüstung des Oberlandes (1632), Okkupationsregime durch Habsburg (1742-44), Bayerischer Erbfolgekrieg (1777/78), Einmarsch napoleonischer Truppen (1800).

Schluss mit Lehnsherrschaft und Klosterbesitz

Erst mit Gründung des Königreichs Bayern unter König Max I. Joseph (1806-25) ändert sich das Leben der verarmten Landbevölkerung u.a. dadurch, dass die Herrschaft der Lehnsherren abgeschafft wird und die Bauern nun selbst ihre Höfe verwalten dürfen. Auch die Klöster werden zurückgepfiffen, ihr Grundbesitz wird säkularisiert. Unter dem Sohn des Königs, Ludwig I. (1825-48), werden Wohlstand und Fortschritt fortgesetzt, Kunst und Kultur gefördert: Es entstehen Glyptothek, Nationaltheater, Feldherrnhalle, Ruhmeshalle und einige Abteien, beispielsweise das Kloster Andechs, werden neu gegründet. Erst sein Techtelmechtel mit der Tänzerin Lola Montez bringt den König zu Fall.

Die Bayern sind stolz auf ihre grandiosen Landschaften

Die „Schwarzen" und „unsa Kini"

Doch sein ältester Sohn, Maximilian II. (1848-64), setzt die friedliche Arbeit fort, 1848 bilden sich politische Parteien, protestantische Liberale kommen im katholischen Land zum Zuge. Das bäuerlich-kleinbürgerliche Oberbayern spielt nur eine bescheidene Rolle, seine Führung durch die Geistlichkeit bringt der Region die Bezeichnung „Schwarze" ein, nach der schwarzen Soutane der hier herrschenden katholischen Priester. Indessen fördert Maximilian II. Wissenschaft, Industrie und Architektur: Landesfestung Ingolstadt, Maximilianeum, Maximilianstraße in München, Eisenbahnverbindung München-Starnberg (1854) und -Garmisch (1860). Sein plötzlicher Tod bringt Ludwig II. mit 18 Jahren auf den Thron (1864-86). Doch der politische Neuling widmet sich lieber dem Bau seiner Märchenschlösser und scheut die Berührung mit dem Volk. Dieses verehrt ihn trotzdem als „unsa Kini" bis zu seinem tragischen, bis heute ungeklärten Tod im Starnberger See.

Regenten mit Hang zu Lederhose und Viehzucht

Die Prinzregentenzeit unter Luitpold (1886-1912) wird dem Land Oberbayern gewidmet, der Prinzregent schätzt Lederhose, Lodenjoppe und die Hirschjagd im Berchtesgadener Land. 1888 wird München per Bahn mit Berchtesgaden verbunden. Oberbayerns Landwirte entdecken die Sommergäste als Einnahmequelle. Nach Luitpolds Tod übernimmt sein Sohn Ludwig III. die Herrschaft. Bald bricht der Erste Weltkrieg aus (1914). Schon 1915 kommt es wegen Lebensmittelknappheit zu Spannungen zwischen Stadt und Land. Revolutionäre der verschiedenen Richtungen beherrschen die Straßen, der König flieht überstürzt nach Ungarn.

NS-Herrschaft und Krieg

Die Monarchie ist zu Ende, Kurt Eisner ruft 1918 die „Demokratische und Soziale Republik Bayern" aus. 1933 übernimmt die NSDAP die Macht im NS-Gau München-Oberbayern. In Dachau wird das KZ errichtet, München wird „Hauptstadt der Bewegung", die „Deutsche Alpenstraße" wird gebaut, ebenso die Reichsautobahn Augsburg-München-Salzburg (Inbetriebnahme 1938). 1936 finden in Garmisch-Partenkirchen die 4. Olympischen Winterspiele statt, die Rüstungsindustrie wird ausgebaut. Der II. Weltkrieg hinterlässt seine Spuren: Luftangriffe auf bayerische Städte werden geflogen, 60 % der Münchner Altstadt zerstört.

Agrargebiet und neue Industrie

Nach Wiederherstellung der Regierungsbezirke und Kreise (1946) bildet sich die Parteienlandschaft heraus, seit 1957 ist die CSU stärkste politische Kraft in Oberbayern, die SPD jedoch gewinnt die Hauptstadt München. Mit der Flurbereinigung (ab 1953) wird Oberbayern Agrargebiet. Im nördlichen Teil nimmt die Industrie Platz: MAN in München-Ludwigsfeld, BMW in München, Messerschmitt-Bölkow-Blohm in Ottobrunn, Ingolstadt wird 1961 mit der Audi AG führender Industriestandort Bayerns. Bei der Landtagswahl 2008 verliert die CSU erstmals in ihrer Geschichte die absolute Mehrheit (43,4 %) und muss mit der FDP (8 %) eine Koalition eingehen.

Einkaufen & Mitbringsel

Eine Lederhose sollte auch der kleinste Oberbayer haben

Die besten und schönsten Einkaufsquellen in Oberbayern dürften die Bauernmärkte sein, aber auch ein großer Markt wie der Münchner Viktualienmarkt hat viel zu bieten. Auf dem Markt und in den angrenzenden Straßen wird man immer fündig, wenn man echt Bayerisches sucht, ob für den Kochtopf oder zur Dekoration.

Sepplhosen und Dirndl

Die Lederhose ist aus dem Wäscheschrank eines echten Bayern ebenso wenig wegzudenken wie das Dirndl bei den Mädchen und Frauen. Man bekommt das richtige Gwand, wie es bayerisch heißt, praktisch in allen Kaufhäusern. Zu einer echten Männertracht gehören außer der am sogenannten Hosentürl reich bestickten Lederhose eine ganze Menge Utensilien. Die promi-nentesten davon sind Hosenträger (natürlich zur Hose passend aus Leder und möglichst mit reicher Stickerei) und Gamsbart, der einen Lodenhut erst zum echten Trachtenhut macht.

Töpferwaren, Holzschnitzereien und Zinnfiguren

Ein paar wichtige Töpfermärkte sind: Auer Dult am Mariahilfplatz im Altmünchner Stadtteil Au (letzte Wo. April-Anf. Mai, letzte Wo. Juli-Aug, ab Mitte Okt, jeweils 9-19 Uhr), www.auerdult.de. Blutenburger Töpfermarkt im Schloss Blutenburg im Westen Münchens, Mitte Okt. Sa/So 11-18 Uhr, www.blutenburg.de.
Künstler-Pavillon in Dießen am Ammersee, 32 Werkstätten, April-Okt tägl. 11-18, Nov/Dez Fr 14-17, Sa/So sowie Ostern meist 11-17 Uhr. Ausstellung und Verkauf von Gold- und Silberschmiede-Erzeugnissen, Holz und Keramik, Glas und Metall, Arbeitsgemeinschaft Dießener Kunst, Seestr. 1, 86911 Dießen am Ammersee, Tel. 08807-84 00, www.diessener-kunst.de.

Heldenhafter FC Bayern

Den FC Bayern lieben nicht nur die meisten Bayern, auch Fans außerhalb des Freistaates. Für alle gibt es richtige Fan-Shops. Die bieten alles, was man sich nur denken kann, von Trikots über Bierhumpen bis zum Fußball. Ob im Internet unter http://shop.fcbayern.de oder direkt im FC Bayern Fan-Shop am Hofbräuhaus, Orlandostr. 1, 8331 München, Tel. 089-69 93 16 66.

Festkalender & Folklore

Im Sommer ist Oberbayern festlich gestimmt, vor allem werden in fast jedem Ort Heilige und Schutzpatrone mit Umzügen und Musik geehrt, natürlich in Tracht und hinterher mit ordentlichem Essen und viel Bier. Die nicht immer fixen Termine erfährt man bei den Fremdenverkehrsämtern. Fest im Kalender sind die feierlichen Fronleichnamsprozessionen am zweiten Donnerstag nach Pfingsten. Mehr etwas für die ältere Jugend und Erwachsene sind klassische Musikveranstaltungen: z.B. mehrfach im Jahr auf Schloss Amerang bei Wasserburg und in der Wieskirche bei Steingaden oder Richard-Strauss-Tage im Mai in Garmisch-Partenkirchen; der Tölzer Knabenchor tritt einmal monatlich öffentlich auf.

Januar/Februar: Faschingstreiben

Am Faschingsdienstag kann man in München dem Tanz der Marktfrauen auf dem Viktualienmarkt beiwohnen, das tolle Treiben findet mit dem traditionellen Fischessen in allen Lokalen am Mittwoch sein Ende.
Lautstarke Umzüge mit den bunten Masken der Jacklschutzer und Schellenrührer bestimmen die Faschingsumzüge in Garmisch und Mittenwald. Auf den Skipisten wird maskiert und recht sorglos ins Tal gefahren.
Eine Besonderheit mit Tradition ist das Schnablerrennen in Gaißach: Am Lehener Berg in ca. 1.000 Meter Höhe findet jeden dritten Sonntag im Januar, also zu Fasching, ein spektakuläres Rennen mit alten Holzschlitten, den Hornschlitten, auch Schnabler genannt, statt. Ehrensache, dass bei dem Rennen nur (maskierte) Gaißacher mitmachen!

März/April: Starkbierzeit und Georgi-Ritt

Auf die Faschingszeit folgt die Fastenzeit und läutet die zweiwöchige Starkbierzeit (Mitte-Ende März) ein. Auf dem Nockherberg werden beim Starkbieranstich politische Sprüche geklopft.
Zu Ostern sollte man Traunstein einplanen: Am Ostermontag werden Hunderte der kräftigen Bauernpferde zum Segnen zur Ettendorfer Kirche geritten. Am Ende dieses Georgi-Rittes wird ein mittelalterlicher Schwertertanz auf dem Stadtplatz veranstaltet. Auch in Tittmoning wird der Georgi-Ritt gepflegt und in anderen Orten werden Georgi-Umzüge veranstaltet zu Ehren des Drachentöters und Schutzpatrons der Pferde, des Heiligen Georg.

Bunt und ausgelassen: der Tanz der Marktfrauen auf dem Viktualienmarkt

Mai/Juni:
Maibaum und Ritterspiele
Beim Reisen durch Oberbayern fallen die hoch aufragenden Maibäume auf. Es sind meist große verzierte Bäume, die an einem zentralen Platz im Ort aufgerichtet werden. Handwerker und Bauern können sich an den Maibäumen mit ihren Zunftzeichen verewigen.
9. und 10. Juni: Münchens Stadtgeburtstag am Marienplatz.
In Kaltenberg an vier Terminen im Juli das Ritterturnier mit Gauklerprogrammen, nachmittags Kinderritterturniere.

Juli/August:
Stadtfeste, Tollwood und Fischerstechen
Open-Air-Kino und Rockkonzerte auf dem Münchner Königsplatz.
Im Juli Münchner Sommernachtstraum im Olympiapark, mit spektakulärem Feuerwerk, Musik, Showprogramm und gastronomischem Angebot.
Rauschendes Renaissancefest in der gesamten Altstadt von Neuburg an der Donau Anfang Juli, aber nur in ungeraden Jahren: historischer Jahrmarkt, Reiter- und Tanzspiele, Steckenreitertanz der Neuburger, Feuertheater und Festumzug.
Letzter Samstag im August: Herbstfest in Rosenheim, 16 Tage lang, riesiges Feuerwerk am letzten Donnerstag vor Festende. Fischerstechen um den 15. August (Mariä Himmelfahrt) an mehreren Seen, besonders aufwendig in Dießen am Ammersee: Dabei „stechen" sich je drei Mann gegenseitig vom Boot mit Stangen ins Wasser.

September/Oktober:
Wiesn und Almabtrieb
Das Oktoberfest, die Wiesn, findet schon Mitte September auf der Theresienwiese

---

Die wichtigsten Wiesn-Termine

Das Oktoberfest dauert zwei Wochen und beginnt mit dem Einzug der Wiesn-Wirte am ersten Wiesn-Samstag ca. Mitte September vor dem berühmten O'zapfen (Fass-Anstich) durch den Münchner Oberbürgermeister. Am ersten Wiesn-Sonntag findet der farbenprächtige Trachten- und Schützenumzug statt, der große Teile der Innenstadt erfasst. Dienstag ist beim Oktoberfest Familientag: interessante Sonderpreise bei Buden, Fahrgeschäften und Schaustellern.

Warum Oktoberfest?

Am 1. Oktober 1810 heiratete der spätere König Ludwig I. Therese von Sachsen-Hildburghausen. Damit auch das Volk etwas von der Hochzeit hatte, wurde am 17. Oktober ein Pferderennen auf der nach der Braut benannten Theresienwiese veranstaltet. Damit war das Oktoberfest geboren bzw. die Wiesn. Da das Wetter Mitte Oktober aber meistens schlecht war, verlegte man die Festlichkeit auf den September, der traditionelle Namen allerdings blieb bestehen.

statt, weil dann das Wetter sicherer ist (s. Kasten S. 120 links). Aktuelle Infos, Termine etc. unter www.oktoberfest.de.
Im September findet im Voralpenraum der Almabtrieb statt, hier auch Viehscheid genannt. Spektakulär am Königssee, weil dort in Ermangelung von Wegen rund um den See die Tiere auf Kähnen transportiert werden (s. Tour 4, S. 53).
3. Oktobersonntag: Kirchweih in Oberbayern. Nach dem Gottesdienst in der Dorfkneipe deftiger Schmaus mit Gänsen, Enten und ausgebackenen Kirchweihnudeln, auch „Auszogne" genannt. Vorgezogene Leonhardi-Ritte (s.u.).

November/Dezember: Leonhardi-Ritt und Christkindlmärkte

Unter den Leonhardi-Ritten Oberbayerns am bekanntesten ist sicher derjenige von Bad Tölz. Pferde und andere ausgesuchte Haustiere werden prächtig geschmückt, gesegnet und in einem langen Zug bzw. Ritt präsentiert. Schon früh am Morgen des 6. November ziehen von nah und fern Vierergespanne mit prächtig geschmückten Wagen in das Tölzer Badeviertel. Um 9 Uhr setzt sich die Leonhardi-Fahrt unter dem Geläute der Kirchenglocken in Bewegung, hinauf zum Kalvarienberg. Nach feierlichem Festgottesdienst und der zweimaligen Umfahrung der Leonhardi-Kapelle, bei der Pferde und Wallfahrrer den Segen empfangen, beginnt gegen Mittag die Rückfahrt. Der Wettkampf der „Goaßlschnalzer" bildet während der Nachmittagsstunden in der Marktstraße den geräuschvollen Ausklang: Der Knall einer Peitsche entsteht durch die überschallschnelle Bewegung des Endes der Peitschenschnur.
Achtung: Mancher Leonhardi-Ritt findet auch bereits am letzten Oktobersonntag statt, also rechtzeitig informieren. Es wäre wirklich schade, diese schöne Tradition zu verpassen!
Die fast schon volksfestähnlichen Christkindlmärkte mit ihren duftenden Glühwein- und Lebkuchenständen finden ab dem 1. Adventssonntag bis zum 4. Advent statt. Ein wahrer Touristenmagnet ist der Münchner Christkindlmarkt auf dem Marienplatz.

Bei Festumzügen kann man in Oberbayern prächtige Rösser sehen

Sport

Angeln
Erlaubnisscheine gibt es beim Landratsamt des jeweiligen Urlaubsortes. Weitere Infos erteilt der **Landesfischereiverband Bayern e.V.**, Pechdellerstr. 16, 81545 München, Tel. 089-642 72 60, Fax 089-64 27 26 66, poststelle@lfvbayern.de, www.lfvbayern.de.

Baden
Siehe Badeplätze, S. 15-30.

Fliegen
Gleitschirmsport
Süddeutsche Gleitschirmschule, Paragliding Performance Center Chiemsee, Am Balsberg, 83246 Unterwössen/Chiemgau, Tel. 08641-75 75, office@ppc-chiemsee.de, www.einfachfliegen.de.
Flugschule Chiemsee, Am Hofbichl 3c, 83229 Aschau, Tel. 08052-94 94, www.flugschule-chiemsee.de. Auskunft über Einzelmitgliedschaft:
Regina Glas, Spartenvorsitzende Hängegleiten, Waakirchnerweg 18, 83666 Piesenkam, Tel. 08022-96 75 60, haengegleiten@lvbayern.de.

Segelflug, Motorflug, Ultraleicht etc.
Luftsport Verband Bayern, Prinzregentenstr. 120, 81677 München, Tel. 089-455 03 20, info@lvbayern.de, www.lvbayern.de. Information zur Luftsportjugend über www.flattermax.de.

Fußball
Ohne den FC Bayern geht hier bekanntlich kaum etwas, fußballsportlich betrachtet. Aber auch der Zweitligist TSV 1860 München, die Löwen, hat seine Anhänger. Infos und alles über die Allianz Arena, Spielplatz für beide Vereine, unter www.fcbayern.t-home.de und www.tsv1860.de.

Golf
Die große Vielfalt der oberbayerischen Golfplätze ist kaum zu überbieten, eine genaue Liste mit allen Plätzen gibt es unter www.golf-alba.com/golfplaetze. Kinder können oftmals kostenlos das Golfen ausprobieren.

Kajak, Kanu und Rafting
Inn und Salzach sind mit dem Boot auf ihrer gesamten Länge befahrbar, die Isar erst ab Lenggries, wo sich das Gewässer gleich hervorragend für Rafting eignet. Genauere Auskünfte erhält man bei den Touristikämtern oder beim Bayerischen Kanuverband unter www.kanu-oberbayern.de.

Klettern
Der Deutsche Alpenverein DAV informiert über Klettermöglichkeiten und Kletterkurse in Oberbayern: www.alpenverein-muenchen-oberland.de. Für Kinder und Familien werden spezielle Kletterkurse angeboten. In München, Bad Tölz und Gilching gibt es Kletterzentren. Auskunft über alpine Touren erteilt www.alpine-auskunft.de.

Hochseilgärten
Hochseilgärten und Kletterwälder sind das neue Abenteuer für die ganze Fami-

lie. Anfangs schlottern vielen die Knie, wenn der Klettergurt umgelegt, der Helm aufgesetzt und die doppelte Sicherheitsleine mit Karabiner umgehängt wird. Von einem erfahrenen Begleiter unterstützt, geht es 2-4 Std. lang über Leitern auf die Bäume, über wackelnde, schwingende Hängebrücken von Stamm zu Stamm, auf schmalen Brettern hoch über dem Boden zur nächsten Plattform. Ostern-Sep/Okt, meistens von 10-18 Uhr, je nach Witterung. Preisbeispiele für 3 Std.: Erw. € 23, Kinder u. Jugendliche (6-17 J.) € 21, Familien (1 Erw., 2 Kinder) € 48, (2 Erw., 1 Kind) € 55, weitere Kinder € 14. Manche Klettergärten haben für kleinere Kinder einen Sonderparcours mit leichten Übungen. Kletterwälder haben den Parcours zwischen Bäumen im Wald aufgebaut, Klettergärten sind komplizierte Aufbauten aus Balken, Stangen und Seilen auf freiem Feld. Einige Adressen:

Hochseilgarten Aschheim, *Am Eventpark 24, 85609 Aschheim, Tel. 089-903 48 48, info@hochseilcamp.de, www.hochseilcamp.de.*
Kletterwald Blomberg, *Am Blomberg 1a, 83646 Bad Tölz (Wackersberg), Tel. 08041-793 56 92, info@kletterwald-blomberg.de, www.kletterwald-Blomberg.de.*
Baum-Hochseilgarten am Chiemsee, *Julius-Exter-Promenade 23, 83236 Übersee, Tel. 08642-54 90 21, info@parkeroutdoor.com, www.parkeroutdoor.com.*
Hochseilgarten Kletterwald Garmisch-Partenkirchen, *Wankbahnstr., oberhalb Talstation Wank-Seilbahn, Tel. 0170-634 96 88, info@kletterwald-gap.de, www.kletterwald-gap.de.*
Hochseilgarten Ammersee, *Fahrmannsbachstr. 2, 86917 Utting am Ammersee, Tel. 08806-923 49 20, info@hochseilgarten-ammersee.de, www.hochseilgarten-ammersee.de.*
Altmühltaler Abenteuerpark, *Bräuhausstr. 36, 92339 Beilngries, Tel. 08461-60 29 90, info@altmuehltaler-abenteuerpark.de, www.altmuehltaler-abenteuerpark.de.*
Rieppel KG, *Am Eibsee 1-3, 82491 Grainau, Tel. 08821-988 10, info@eibsee-hotel.de, www.eibsee-hotel.de.*

Der Hochseilgarten Ammersee sieht aus wie ein Piratenschiff

Radwandern/Wandern

Oberbayern ist ideal für Radfahrer, die sowohl Natur genießen und kulturell Neues entdecken wollen. Das Fern- und Radwanderwegenetz ist immens groß und zum größten Teil identisch mit Wanderwegen.

Reiten

Oberbayern ist auch Reiterland. Informationen beim Fremdenverkehrsverband bzw. im Internet unter www.pferde.de/Reiterferien-in-Oberbayern. Man kann Reiterferien mit der ganzen Familie genießen, Kinder können aber auch alleine ihre Ferien auf einem Reiterhof verbringen.

Wassersport

Die oberbayerischen Seen sind ideal für Wassersportaktivitäten. So eignet sich z.B. der Starnberger See zum Rudern und Surfen, Kiten und natürlich Segeln. Surfschule Starnberg (Strandbad St. Heinrich gegenüber Campingplatz „Beim Fischer", Tel. 08171-802 26, info@surfschule-starnbergersee.de, www.surfschule-starnbergersee.de). Der Walchensee zählt zu den schönsten Surfrevieren Deutschlands. Windsurfschulen mit Verleih (Surfkurse auf Anfrage: Windsurfcenter Walchensee, Seestr. 10, 82432 Walchensee, Tel. 08858-261, und Surfschule Einsiedl, Reinhard Post, Einsiedl 1, 82432 Walchensee, Tel./Fax 08858-745).

Auf dem Schliersee finden Surfer und Segler optimale Bedingungen: ideale Winde, keine allzu hohen Wellen, warmes Wasser. Leihausrüstung an der örtlichen Windsurfingschule.

Am Tegernsee verleiht die Segel- und Surfschule Stickl (Seeglas, 83703 Gmund am Tegernsee, Tel. 08022-754 72, Fax 08022-70 59 38) Jollen, Kielboote und Surfausrüstungen. Verleihstellen gibt es auch in Rottach-Egern, Bad Wiessee und im Ort Tegernsee.

Optimisten-Rallye, Segelkurs für die Jüngsten

Wintersport

Die oberbayerischen Skigebiete sind durch Seilbahnen, Skilifte etc. hervorragend erschlossen, s. Touren 4 bis 7. Beliebt bei der ganzen Familie sind Winterrodelbahnen, fast überall gibt es Skischulen für Groß und Klein.

Winterrodelbahnen

Tourist-Information Bad Wiessee, www.bad-wiessee.de, Stadt Tegernsee (2 km), am Wallberg (6,5 km), in Kreuth (5 km), am Setzberg (3 km).
Blombergbahn Bad Tölz, www.blombergbahn.de, Am Blomberg (5,5 km), weniger Geübte ab Mittelstation (2,5 km).
Tourist-Info Reit im Winkl, www.reitimwinkl.de, Hemmersuppenalm (4 km).
Kaiser-Reich Information Oberaudorf, www.oberaudorf.de, Berggasthof Hocheck (3 km), abgesichert.
Obersalzbergbahn, www.fun-ski-obersalzberg.de, ab Obersalzberg (4 km).
Gästeinformation Lenggries, www.lenggries.de, Am Brauneck (1,5 km), für Familien und vor allem für Kinder geeignet.
Markt Garmisch-Partenkirchen, www.garmisch-partenkirchen.de, Partnachalm (2 km), unterer Teil für Kinder geeignet.
Tourist-Information Mittenwald, www.mittenwald.de, Bergstation Kranzberg (1,6 km).
Tourist-Information Oberammergau, www.oberammergau.de, Kolbenalm (1 km), auch Nachtrodeln.
Tourist-Information Tegernsee, www.tegernsee.de, am Riederstein (1,9 km).

Skikurse für Kinder und „Zwergerl"

Berchtesgadener Land
Ski- & Snowboardschule Königssee-Jenner, www.treffaktiv.de. Zwergerl- und Jugendkurse, Babylift, Zwergerl-Kindergarten, ganztägige Betreuung.
Rund um Lenggries/Tölzer Land
Skischule Isarwinkel, www.skischule-isarwinkel.de. Zwergerlkurse und Kinderskikurse.
Skischule hiSki, www.hiski.de. Zwergerlkurse für 4- bis 6-Jährige.
Skischule Kober und Villa Lustig, www.villa-lustig.de. Ski-Zwergerlkurse ab 3, Snowboardkurse ab 5 Jahren.
Skigebiet Spitzingsee/Alpenregion Tegernsee/Schliersee
Schneeaktivitäten Martina Loch, www.snowcamp-martina-loch.de. Kinderkurse (3-6 u. 7-14 J.).
Skischule Brannenburg, www.skischule-brannenburg.de. Zwergerl- (bis 6 J.) und Kinderskischule.
Skischule Sudelfeld, www.skischule-sudelfeld.de. Spezielle Kinderkurse.
Schneesportschule Grafenherberg, www.schneesportschule-grafenherberg.de. Skischuleigenes, 2.500 qm großes Kindergelände für Zwergerl, Alm mit abgetrenntem Kinderbereich.
Zugspitzregion
Skischule Garmisch-Partenkirchen, www.skischule-gap.de. Modernes Kindergelände mit Förderbändern, Kinderskikurse und Skikindergarten.
Skischule am Steckenberg, www.skischule-unterammergau.de. Zwergerlkurse.
Die Alpina Skischulen vermitteln Skikurse für die Kleinsten unter www.alpina-skischule.de.

Index

A
Almabtrieb 53, 120
Alter Peter 34
Altes Rathaus (München) 33
Altmühltal 83
Altötting 46
Ambach (Erholungsgebiet) 24, 81
Ammerland (Erholungsgebiet) 24, 81
Ammersee 81
Andechs 82
Asamkirche 34
Audi Forum 103

B
Badedermatitis 19
Badeseen
  Ambach (Erholungsgebiet) 24, 81
  Ammerland (Erholungsgebiet) 24, 80
  Aschauerweiher, Naturbad 19
  Eibsee (Freibadeplätze) 23
  Eichmühle, Naturfreibad 23
  Hartsee 21
  Herrsching, Seewinkel 17
  Pelhamer See 21
  Prienavera, Prien 27
  Rottach-Egern, See- und Warmbad 22
  Weitsee 17
  Wöhrsee Burghausen 18
Bad Tölz 62
Barfußpfade 58, 71
Beilngries 85
Berchtesgaden 51
Blomberg 62, 72, 94
Blombergbahn 62, 72, 94
Blomberg-Blitz 62, 72, 94
BMW Welt 103
Buchheim Museum der Phantasie 81, 92
Burghausen 48

C
Chiemsee 54
Chiemseepark (Strandbad) 20
Christkindlmärkte 121

D
Dachau 39
Deutsche Alpenstraße 49, 58
Deutsches Hopfenmuseum 88
Deutsches Museum Flugwerft Schleißheim 40, 100
Dirndl 118

E
Edelweiß 108
EFA-Museum für deutsche Automobilgeschichte 103
Eibsee 23
Eichstätt 84
Erding 42, 101

F
Feldafing 79, 81
Feldherrnhalle 36
Flughafen München 42
Frauenchiemsee 56
Frauenkirche 36
Freilichtmuseum Glentleiten 104
Freising 42
Freizeitarena Braunack 62
Freizeitgebiet Blomberg 94
Freizeitpark Ruhpolding 95
Fünf-Seen-Land 81

G
Garmisch-Partenkirchen 69
Georgi-Ritt 119
Gletschergarten 49

H
Hallertau-Park 88
Herrenchiemsee 54
Hochseilgärten 122, 123
Hofbräuhaus 36

I
Ingolstadt 86
Inn-Salzach-Architektur 44
Isar 16

J
Jennerbahn 51
Jennerberg 52
Jura-Museum Eichstätt 84

K
Kaiserin-Elisabeth-Museum 79
Kampenwand 56
Karwendelbahn 70
Kasperl Larifari 8, 80
Kloster Benediktbeuern 61
Kochel am See 61
Kochelsee 61
Königssee 52
KZ-Gedächtnisstätte Dachau 39

L
Lamawandern 50
Landsberg am Lech 72
Leberkäs 12
Lechpark „Pössinger Au" 74
Lenggries 63
Leonhardi-Ritt 121
Leutascher Geisterklamm

Lokwelt Freilassing 98
Lüftlmalerei 67

M

Märchen-Erlebnispark Marquartstein 97
Marienplatz (München) 33
Marktl am Inn 47
Mittenwald 70
Mühldorf am Inn 45
München 32-37
Münchner Marionettentheater, Das 8
Murnau am Staffelsee 65
Museum für Ur- und Frühgeschichte Eichstätt 84
Museum Mensch und Natur 90
Museum Starnberger See 80

N

Naturkunde- und Mammut-Museum Siegsdorf 96
Neuburg an der Donau 85

O

Obatzter 14
Oberammergau 66
Oberschleißheim 40
Oktoberfest 120

P

Partnachklamm 93
Pfaffenwinkel 74
Pilsensee 81. 82

R

Rauschbergbahn 59
Reit im Winkl 88
Restaurants & Cafés
 Ikarus 102
 Jägerwinkl 97
 Kloster-Bräustüberl Benediktbeuern 61
 Klostergasthof Andechs 82
 Pfeffermühle 82
 Teufelsküche 74
 Wildpark Stub'n 99
 Windbeutelgräfin 95
 Zinncafé 82
Roseninsel 81
Ruhpolding 59

S

Salzbergwerk Berchtesgaden 50
Salzzeitreise 50
Schleißheim 40
Schliersee 63
Schloss Ammerland 80
Schloss Berg 78
Schloss Dachau 39
Schloss Linderhof 67
Schloss Nymphenburg 90
Schloss Possenhofen 79
Schlossanlage Schleißheim 40
Schönegg 77
Schönegger Käse-Alm 76
Schongau 74
Schongauer Märchenwald 91
Schuhplattler 7
Schwimmbäder
 Alpamare, Bad Tölz 28
 Badria, Wasserburg am Inn 25
 Plantsch Schongau 29
 Prienavera, Prien 27
 Therme Erding 101
 Vita Alpina, Ruhpolding 26
 Wasserpark Starnberg 30
Sendlinger Tor 34
Sepplhosen 118
Siegsdorf 96
Skischulen und -kindergärten 125
Stachus 35
Starnberger See 78
Steingaden 75

T

Tegernsee 63
Theatinerkirche 36
Therme Erding 101
Tölzer Land 60
Töpfermärkte 118
Tutzing 79

U

Unterkünfte 112

V

Valentin, Karlstadt-Museum 37
Viktualienmarkt 33, 34

W

Walchensee 61
Walchenseekraftwerk 61
Wandern 124
Wasserburg am Inn 44
Watzmann 51, 53
Weißwürscht 12
Wendelstein 63
Weßlinger See 81, 82
Wieskirche 76
Wiesn 120
Wildpark Obereith 45, 99
Wildpark Poing 42
Winterrodelbahnen 125
Wolnzach 88
Wörthsee 81, 82

Z

Zugspitze 68, 69

Impressum

Verlag: COMPANIONS GmbH,
Rödingsmarkt 9, 20459 Hamburg,
Tel. 040-306 04-600,
Fax 040-306 04-690,
E-Mail: info@companions.de,
Internet: www.companions.de

Autor: Gottfried Aigner
Lektorat: Wiebke Taler
Schlusskorrektur: Kerstin Gonsior

Titelgestaltung und Layout:
Cornelia Prott

Druck und Bindung:
DZA Druckerei zu Altenburg GmbH

Bildnachweis:
alle Bilder von Gottfried Aigner, außer:
iStockphoto.com/Georg Winkens S. 5, panthermedia.net/Christa Eder S. 6, Fotolia.com/Uwe Lütjohann S. 9, Fotolia.com/Bettina Eder S. 10, Fotolia.com/HLPhoto S. 13, Fotolia.com/Elena Kouptsova-Vasic S. 14, pixelio.de/Romana-Schaile S. 16, Fotolia.com/Jacek Chabraszewski S. 17, Rubberball S. 25, Ruhpolding Tourismus GmbH S. 26, Prienavera S. 27, Alpamare S. 28, Plantsch S. 29, Stadt Starnberg S. 30, pixelio.de/Holger Knecht S. 36, panthermedia.net/Claus Lenski S. 38, 107, Fotolia.com/Otto Durst S. 83, shutterstock.com/Irina Fischer S. 105, Fotolia.com/Petra Wanzki S. 118, pixelio.de/Jürgen Heimerl S. 119, panthermedia.net/Elke Elizabeth Rampfl-Platte S. 121

Titelfoto:
Fotolia.com/Petra Wanzki
Illustration (Umschlag):
Noel Powell/iStockphoto.com

Karte: Karthographiebüro Jochen Fischer

Der Autor dankt seiner Frau und Kollegin Nana Claudia Nenzel für die hervorragende Organisation, ihre effiziente Beratung und für die kollegiale Mitarbeit.

ISBN: 978-3-89740-643-8

© 2010 COMPANIONS GmbH, Hamburg.
Alle Rechte vorbehalten, auch die der auszugsweisen sowie fotomechanischen und elektronischen Vervielfältigung sowie der kommerziellen Adressen-Auswertung und Übersetzung für andere Medien. Anschrift für alle Verantwortlichen über den Verlag. Alle Fakten und Daten in diesem Buch sind sehr sorgfältig vor Drucklegung recherchiert worden. Sollten trotz größtmöglicher Sorgfalt Angaben falsch sein, bedauern wir das und bitten um Mitteilung. Herausgeber und Verlag können aber keine Haftung übernehmen.